틀밖의 박물관

김진원 金振元; Jinwon Kim

중앙대학교 사학과를 졸업하고 동 대학원에서 석사, 박사학위(『朝鮮總督府의 佛敎文化財
政策 硏究』, 2010)를 받았다. 수원과학대학교, 남서울대학교에서 한국사 강의를 하였다.
경기도 화성시 학예연구사로 재직하면서 문화재 지정과 조사 및 보존, 시사 편찬과 박물
관 건립 등의 업무를 담당하였다. 화성문화원 부설 역사 문화연구소 연구위원, 경기문화
협력네트워크 학예분과 문화재위원, 경기문화재단 전문가 모니터 시각 분야 위원을 역임
하였다. 저서로는 『화산동지』(공저, 2006), 『당성』(공저, 2009), 『학예사와 떠나는 경기도
답사기』(공저, 2010), 『경기도 역사와 문화 백문백답』(공저, 2010) 등이 있다.

틀밖의 박물관

초판 1쇄 인쇄   2024년 5월 27일
초판 1쇄 발행   2024년 6월 3일

지은이   김진원
펴낸이   윤관백
펴낸곳   선인
등 록   제5-77호(1998.11.4)
주 소   서울시 양천구 남부순환로 48길 1(신월동 163-1) 1층
전 화   02)718-6252/6257 | 팩 스   02)718-6253
E-mail   suninbook@naver.com

정 가   20,000원
ISBN   979-11-6068-892-4 03910

* 잘못된 책은 바꿔 드립니다.

틀 밖의

Museums Outside the Box

박물관

김진원 지음

선인

일러두기

1. 박물관 특성상 상설 전시 유물이 교체 전시 또는 교류하는 박물관과 교차 전시되어 간혹 독자가 이 글을 읽고 현장을 방문하였을 때 볼 수 없는 유물이 있을 수 있다.

2. 대만의 유물명·인명·지명 등(고유명사)은 국립국어원 「외래어 표기법」에 따라 적되, 알려지지 않은 고유명사들은 최대한 대만 현지 발음에 가깝게 표기하거나 우리 한자음으로 표기했다.

3. 전시관 구역은 " ", 유물 및 전시·예술 작품의 제목은 〈 〉로, 상호·법률·규정 등은 「 」, 책명은 『 』로 표시하여 구분하였다.

들어가는 말

대만(臺灣)은 우리 아이와 함께 해외 여행지로 다녀와서 인연이 되었다. 설 연휴 기간에 효율적인 계획을 세우고 비행기를 타는 수고를 줄이고자 선택한 곳이었다. 인천에서 두 시간 반이면 타오위안(桃園) 공항에 도착하며 포모사(Formosa; 아름다운 섬이라는 뜻)라고 불리는 곳이다. 비가 자주 내리고 연중 습하지만 기온이 영하로 떨어지지 않는다. 언어는 중국어와 대만어, 하카어를 사용한다. 대만 국적기에 탑승하면 영어를 포함하여 4가지 언어를 모두 들을 수 있다.

학예연구사였던 필자는 처음 방문한 고궁박물원에서 유물의 질적 수준과 수량에 놀라지 않을 수 없었다. 유물 수집과 정리가 얼마나 힘든 일인지 잘 알고 있어서 한 점도 놓치고 싶지 않은 마음으로 둘러보았다. 그러나 그 수많은 유물을 보기에는 시간이 녹록하지 않았다. 게다가 수장고의 유물을 고려한다면 대만 사람들조차도 전부 보는 것이 쉽지 않을 것이다. 이렇게 아쉬운 마음은 뜻밖에 일로 해갈이 되었다. 외국계 기업에 다니던 아내가 대만으로 발령받았고 나는 휴직을 할 수 있었다. 이것이 대만과의 오랜 인연의 시작이었다.

대만은 번체(繁體)자를 사용하므로 처음에는 필담으로 의사소통하였다. 동시에 대만 국립사범대학 어학원에서 다양한 국가의 학생들과 중국어를 배웠다. 같은 한자를 사용하지만 문법이 다르고 글자마다 성조가 있어서 결코 쉬운 언어가 아니었다. 이후 대만에서 나의 신분은 학생으로 변하여 졸지에 숙제와 시험을 걱정하는 처지가 되었지만 박물관과 미술관은 후회 없이 가보게 되었다. 또한 학생증은 교통비뿐 아니라 국공립 시설에 대한 할인 혜택까지 있어서 더욱 유용하였다.

아이의 학교와 가까운 타이베이(臺北) 양밍산(陽明山) 아래 티엔무(天母) 지역에 거처를 잡고 부모, 형제, 친구, 동료들이 방문할 때마다 고궁박물원에 갔다. 처음 고궁박물원에 가는 사람은 역사와 유물에 대해서 잘 알지 못해도 이미 어마한 규모에 놀란다. 예전에는 유물의 사진 촬영이 허락되지 않아 눈과 마음으로만 담아야 했지만 유물 관리와 보존 기술이 발전함에 따라 촬영이 허가되고 심지어 야간 개장도 하였다.

세계에서 손꼽는 박물관을 언제든지 볼 수 있어 좋았으며, 고궁박물원의 수준 높은 전시기획과 유물전시는 늘 신선했다. 무엇보다도 특별전을 개최하고 또 개최하여도 수장고에 수많은 유물이 기다리고 있다는 것이다. 부러움을 뒤로 하고 고궁박물원을 떠나 대만 전역에 있는 박물관을 조사하게 되었다. 국민당이 도해하면서 가져온 유물은 고궁박물원에만 한정되지 않았으며 일본의 영향으로 발생한 독특한 문화는 다양하고 특색있는 박물관에 투영되었다. 또한 잦은 자연재해에 따른 환경적 요인과 민주주의의 발전에 따른 역사적 요인은 색다른 전시 공간이 되었다.

본문에서는 대만에 가면 반드시 가야 하는 유명한 고궁박물원은 제외하였다. 이것은 일반 여행서와 차별화를 꾀한 것이며 전문성을 고려한 것이다. 다만 남부 자이(嘉義) 지역의 고궁남원(故宮南院)은 관심이 없으면 방문이 쉽지 않음을 고려하여 함께 집필하여 소개하였다.

대만에는 다양하고 특별한 주제를 다루는 다수의 박물관이 있다. 그중 타이베이와 중부 지역의 특색있는 주제를 가진 11군데의 박물관을 선정하여 전문가의 시각으로 심도 있게 다루었다. 원주민의 다양한 역사와 문화를 살펴보며 지진 현장과 닭똥 냄새 그윽한 온천을 둘러보고 상왕(商王)의 동물원을 지나 동화 속 상상의 작품을 만날 수 있을 것이다. 때로는 죽은 이와 대화를 통해 그들의 삶과 생활을 추적하며, 죽지 않아야 할 사람의 유서를 통해 불행한 과거의 역사를 돌이켜볼 것이다.

필자는 독자가 단순히 박물관에 가서 동선을 따라 걷는 것이 아닌, 이야기가 있고 의미가 있는 살아있는 박물관을 경험하고 박물관과 유물 사이에 다리가 되어 서로 교류할 수 있도록 도움을 주고자 한다.

가까운 나라 대만은 작지만 다양하고 풍부한 이야기가 숨어 있는 나라이다. 대만은 안전하고 교통이 발달하여 이동이 편리하며 무엇보다 사람들이 친절하다. 길을 물으면 말이 통하지 않아도 끌고 가서라도 가르쳐준다. 한 가지 일화로 지진박물관에 몇 차례 방문해 지진으로 갈라진 단층 구역을 촬영하고자 하였다. 그러나 재개장 준비로 인해 계속 닫혀있어 촬영이 어려웠다. 고민 끝에 담당자를 찾아가 사정을 이야기하니 기꺼이 개방해 주었고 심지어 지진박물관이 대중교통이 편하지 않은 지역임을 고려하여 돌아가는 택시까지 불러주었다. 그 고마움과 배려는 잊을 수 없는 좋은 추억이다.

대만에 5년 이상 지내면서 현지인보다도 더 깊고 더 많은 박물관을 보고 다녔다고 감히 말할 수 있다. 이후 대만을 떠나 말레이시아로 가게 된

필자는 대만에서 조사한 박물관을 정리하고 출간을 준비하였다. 그러나 인류에게 닥친 고통의 세월(COVID-19)로 미루어지게 되었다. 스스로 잘 알고 있다고 여겼지만 수시로 대만을 찾아 유물을 확인하고 촬영하는 작업을 하였다. 많이 본 만큼 더 알고 느끼는 것이다. 대만의 역사와 문화에 대하여 더 깊이 관심을 두고자 한다면 필자의 경험을 독자와 공유하며 함께 이야기하고 싶다.

매번 박물관에만 가느냐고 투덜대던 아이는 어느덧 자라 인류 고고학을 전공하면서 함께 유물과 박물관에 관해 이야기하고 있다. 그 긴 시간 동안 학자로서 열정을 이어올 수 있었던 것은 많은 분의 도움이 있었기 때문이다. 답사하고 집필하는 과정에서 항상 응원해 준 은주, 채연, 운규, 종화, 성기에게 고마운 마음을 전하고 싶다.

2024년 6월
김진원

Preface

Taiwan was my kid's first overseas destination with my family during the Lunar New Year holiday. From then on, my relationship with Taiwan had begun. Taiwan is called "Formosa," which means a beautiful island. To reach the beautiful island of Taiwan, it takes around two and a half hours from Incheon to Taoyuan airport. Upon arrival, we're met with the warm humidity and frequent rains. Taiwanese people speak mainly Chinese, Taiwanese, and Hakka; hence, when boarding a Taiwanese national flight, we can hear all three languages.

As I was a curator with a Ph.D at that time, I couldn't help but be surprised by the level of quality and quantity of artifacts and treasures at the National Palace Museum in Taiwan during that first visit. Since I was aware of the many difficulties and obstacles surrounding the collection and organization of such precious artifacts, I ensured that I didn't miss out on any of the treasures during my visit. However, even with such consciousness, there was not enough time to see all the artifacts. Truthfully, considering the large number of artifacts and treasures on display and in the archives of the National Palace Museum, I don't even think that the locals would be able to see all of them in a lifetime.

Nevertheless, I was keen on learning more about Taiwan, which was resolved by an unexpected opportunity. My wife, who worked for a foreign company, was assigned to Taiwan, and I was able to take a long leave of absence from work. This was the beginning of a long relationship with Taiwan.

Fortunately, I was able to utilize the Chinese characters that I had learned way back in my schooling years to communicate in broken writing with the locals. This didn't make learning the Chinese language any easier, though, as I was unfamiliar with the differences in grammar and unique intonations.

To communicate with the people in Taiwan, I studied Chinese at the National Taiwan Normal University Mandarin Training Center, where various language courses for foreign students are provided. As a student in Taiwan, I had lots of homework and exams, but I still made sure to make time to visit museums and art galleries without any regrets. During these visits, my student ID was very useful, not only for the public transport pass but also for discounts on public facilities.

My family settled down in the Tianmu area under YangMing Mountain in Taipei, close to my kid's school. We went to the National Palace Museum frequently whenever my parents, siblings, friends, and colleagues visited. Everyone was always surprised by the sheer scale of the National Palace Museum on their first visit, even those who didn't have much historical knowledge. In the past, photography of artifacts was banned, so I resorted to capturing them with my eyes and heart only. However, photography has since been permitted with the development of artifact management and preservation technology. The museum has even begun opening at night. Above everything else, there are countless special exhibitions, and numerous artifacts and treasures are piled up in the storage of the National Palace Museum.

To learn more about Taiwanese history, I began to explore the various museums around the country. While I was living in Taiwan for more than five years, I dare say that I visited more museums than the local people there.

When I left Taiwan and moved to Malaysia, I wanted to write a book for the museums in Taiwan that I had visited and researched, but it was delayed for several years by the COVID-19 pandemic. Although I thought I was knowledgeable enough, it was not enough to write an entire book, so I had to visit Taiwan many more times to gain more insight into the museums that I was so passionate about.

For this book, I have intentionally left out the National Palace Museum, the most famous museum in Taiwan, as I wanted to differentiate it from the usual travel guides. I did, however, include the Southern Branch of the National Palace Museum in the Chiayi region, as it is geographically separated from the main branch in Taipei. There are lots of interesting museums and art galleries dealing with charming and special themes in Taiwan. For example, the Arisan Post Office, located at the highest altitude on the Arisan Mountain, offers a fantastic combination of culture and nature.

In this book, you will find eleven unique museums with various histories and themes in Taipei and its surrounding areas. You can learn about ancient history, unfortunate natural disasters, and even a tiny fairy-tale world. I would like to act as a bridge between the reader and the artifacts in the museum, helping them interact with each other.

Taiwan has a rich and diverse story, and I often hear stories from people who have visited Taiwan again and again. It is safe, has developed transportation, is easy to move around, and above all, the people are friendly. If you ask for directions, even if you don't understand the language, they will take you along and guide you. I recall personally experiencing this overwhelming kindness and patience from the local people when I traveled down to the 921 Earthquake Museum of Taiwan. I had paid several visits to photograph the outdoor earthquake remains, but they kept closing for reopening. When I told the person in charge about the situation, they were happy to help me to look at the exhibition. They even called a taxi for me, considering the museum was not continentally located.

I would like to express my gratitude and consideration to the kind Taiwanese people for allowing this book to come alive. If you are interested in and want to know more about Taiwanese history and culture, I would like to share my memories with you in this book.

My little kid, who always complained about going to museums, is now a university student majoring in archaeology and anthropology. I would like to express my gratitude to Eunjoo and Chaeyeon, who have always supported me on my writing journey. Special thanks to Per, Marie and Håkan, Yue dan wei(岳丹微) for their interest in my book.

June 2024

Jinwon Kim

목차

살아 숨 쉬는
지진 (地震)
박물관

園 博 區 物 館

Taiwan

Walking through the ruins at the 921
Earthquake Museum of Taiwan

예고 없고 예측 안 되는 지진

대만은 1년 평균 대략 200여 건의 크고 작은 지진이 자주 발생한다. 지진 활동이 가장 활발한 환태평양 지진대에 속해 있기 때문이다. 특히 대만 남부 동중국해는 지표판 중 유라시아판과 필리핀판이 만나는 지진대이다. 이 두 개의 판이 서로 부딪치면서 온갖 지질 활동이 일어난다.

현재까지 대만에서 일어난 가장 큰 지진은 1999년 9월 21일 새벽 1시 47분경 대만 중서부 난터우현(南投縣) 지지(集集) 지역에서 발생한 것으로 리히터 규모 7.3의 강진이었다. 20세기 대만에서 일어난 가장 큰 규모의 지진으로 기록되었다.

대지진으로 2,415명 사망, 29명 실종, 11,305명의 부상자를 기록하였다. 51,711칸의 가옥이 완파되었고 53,768칸의 가옥이 반파되었다. 지진은 진앙인 난터우(南投)에서 시작돼 1분가량 수도 타이베이(臺北) 등 중

북부 전역을 강타했으며 뒤이어 18시간 동안 1,000여 차례의 여진이 계속되었다.

지진으로 변형된 단층 구조

송전탑이 무너져 대만 가구의 절반 이상이 불편을 겪었으며 도로와 교량, 수리시설, 병원, 학교, 관공서 등 대부분의 공공시설이 피해를 보았다. 한마디로 이 지역은 마치 전쟁터와 같았다고 한다. 승용차로 약 3시간 가량 떨어진 타이베이 역시 피해를 볼 정도로 지지 지역의 지진은 대만 전역을 공포로 만들었다.

대지진은 340m 떨어진 타이중시(臺中市) 광복중학교 (光復國中) 뒷산에서부터 단층선을 따라 운동장, 교실, 정문 쪽으로도 융기하였다.

처령푸(車籠埔)제방

이후 대만 정부는 지진 피해 현장 수습 및 복구 작업을 하면서 지진참상 상태를 원형 그대로 보존하고자 많은 노력을 기울였다. 피해가 심각한 광복중학교 부지를 철거

융기 현상으로 휘어진 철로

하고 학자와 전문가들을 통해 단층운동이 뚜렷하게 나타난 지형을 보존하고 파괴된 교실과 갈라진 운동장의 안전 전검을 마친 뒤, 생생한 피해 현장을 지진박물관으로 건립하기로 하였다. 이는 대지진의 아픔을 영원히 기억하고 후손에게 안전교육을 함으로써 언제 발생할지 모르는 지진에 대처하고자 한 것이다.

이에 박물관추진위원회는 2001년 2월에 정식 명칭을 '921지진교육원구(九二一地震敎育園區)'로 정하고 박물관을 건립하였다. 지진 피해의 흔적을 박물관에 자연스럽게 보존하고 관련 사진 자료와 도서 등을 수집 및 전시해 지진에 대한 이해가 실질적으로 다루어질 수 있도록 하였다.

또한 연구와 계몽 등에 역점을 두어 대지진 이후 국민의 관심을 지속해서 유지하기 위하여 야외에 강바닥 모양의 융기 상태를 그대로 드러내 경각심을 일깨우고 있다.

대만 지진의 역사

　박물관은 크게 야외 전시관과 실내 전시관으로 계획하여 설치하였다.
전시 내용으로는 지진의 실체와 원인에 대한 과학적 분석과 이해를 돕는
지진 체험과 방재교육관을 설치해 아동을 대상으로 한 미래 교육 기관으
로 활용하고자 하였다.

　대부분은 실제 지진이 발생하여 집 안 물건들과 창문 등이 흔들리는
상황을 접하게 되면 어떻게 대응해야 할지 잘 모른다. 지진의 발생 빈도
가 낮은 국가에 거주하는 사람일수록 특히 더욱 우왕좌왕할 것이다. 반면
에 지진이 자주 발생하는 대만, 일본, 필리핀 등의 사람들은 강도에 따라
어떻게 대응해야 하는지를 어려서부터 체험을 통해 습득한다고 한다. 필
자도 수업 중 처음 지진을 경험하였는데, 같이 수업을 듣던 일본 학생들
이 바로 책상 밑에 몸을 피하는 것을 보고 교육과 체험의 중요성을 새삼
알게 되었다.

한걸음에 달려온 국제 구호단체

국립자연과학박물관에 속하는 지진박물관은 단층의 움직임과 기록을 보존하는 처렁푸단층보존관(車籠埔斷層保存館), 훼손된 교실 전시 공간, 지진 공학을 연구하는 지진공정교육관(地震工程敎育館), 시청각 자료와 지진의 강도를 체험할 수 있는 영상관(影像館), 올바른 재난 예방을 위한 방재교육관(防災敎育館), 지진 이후 재건 노력을 기록한 중건기록관(重建記錄館) 등으로 구성되었다.

교실 밖 박물관

야외 전시관은 기울어진 운동장을 중심으로 처렁푸단층보존관과 훼손된 교실 전시 구역이다. 지진이 발생하면 토질은 융기·침하·평행 등의 형태로 나타나는데 대만에서 발생한 대부분 지진은 지면이 위로 솟아

2m 이상 솟아오른 운동장 트랙

오르는 융기 형태이다. 921지진교육원구 외부 전시 구역인 운동장과 학
교 주변으로 이런 융기 현상은 뚜렷이 나타나고 있다. 학교 뒷산에서 처
음 시작된 지진 라인은 학교를 통과하면서 지면이 2m 이상 융기되어 솟
아올랐다. 융기지역의 시멘트 포장길은 아직도 갈라진 그대로를 밟아 볼
수 있다.

1 단층선과 시멘트 포장 길   2 단층보존관   3 지진 계측기   4 교실 앞 융기한 지형

융기된 운동장은 거대한 안전 지지대를 설치하여 재차 지진이 발생하여도 무너지지 않도록 설치하였다. 내부에는 "단층 보존관"을 설치하여 지진단층을 자세히 살펴볼 수 있도록 하였다. 아울러 중앙기상국에서는 지진관측 장치와 지진관측망을 설치하여 지진 연구를 지속해서 하고 있다.

　교실 전시 구역은 마치 샌드위치처럼 건물 자체가 수직으로 포개어 무너져 붕괴된 공간에 안전벽을 설치하여 관람에 따른 위험한 요소를 제거하였다. 융기되어 솟아오른 지면은 빨간 줄로 표시하여 관람객이 단층선을 세밀하게 관찰할 수 있도록 하였다. 이것은 필드(Field)가 선생이라는 현장 교육의 논리를 그대로 적용한 것으로 원래의 토질 변화를 그대로 노출

1 2층 지붕이 1층과 샌드위치가 되어 버림
2 지진 전후의 교실 앞 풍경 (안내판)

1 강진에 버틴 중앙 통로   2 무너진 좌측 교실   3 무너진 우측 교실

한 것이다. 지진이 발생하면서 변화하는 지층의 간격과 파괴력을 보여주고 지진에 대한 공포를 인식할 수 있도록 기획함으로써 지진을 접해보지 않은 사람들에게 안전의식을 가질 수 있도록 한 것이다.

대부분 융기된 지반의 학교 건물은 융기선을 따라 건물이 통째로 붕괴되었다. 다만 직접적인 융기의 영향이 없던 교실은 무너지지 않았다.

당시의 건물들은 미흡한 내진 설계에 따라 파괴 정도도 다양하게 나타났다. 매년 정부의 재정 지원 규모에 맞춰 건물을 증축하였던 터라 사용한 자재에 따라 훼손 정도도 제각각이었다. 아이러니하게도 무너진 학교 건물 앞에 서 있던 나무는 쓰러지거나 뽑히지 않고 지금도 자라고 있다.

살아 있는 지진 당시의 나무들

본래 3층 건물이었던 학교 본관 건물은 중앙 부분을 축으로 양방향으로 무너져 내렸는데 중앙 입구 내부에만 지진을 견딜 수 있는 별도의 철근콘크리트가 내재되었기 때문에 강진에도 주저앉지 않았다. 이로써 지진 예측은 불가능하지만, 예방은 가능하다는 것을 보여준 것이다.

921지진 이후 대만의 지진 관련 법령과 건축설계가 새롭게 정비되는 계기가 되었다.

야외 전시를 보다보면 주로 교실 건물들이 상하층으로 포개져 무너져 내린 형태를 많이 볼 수 있다. 이는 학교 건물을 지을 때는 환기와 채광을 위하여 창문을 많이 내고 가로로 길게 설계하기 때문이다. 융기의 직접적인 영향을 받은 교실은 교실 사이의 벽이 방어벽 역할을 해주어 주로 복도를 따라 무너져 내렸다. 반면에 융기의 간접적 영향을 받은 교실은 무너지지 않았지만, 지지대 없이는 보존할 수가 없다.

붕괴하지 않은 교실은 과학적 설계에 따른 지지대와 내진 기둥에 의하여 건물을 개방하고 있으며, 과학적으로 연구된 내진 기둥은 4가지 유형으로 규모와 형태에 따라 쓰임새가 다르며 특성에 맞게 수직 방향을 보강하는 데 사용되고 있다.

학교 건물 좌측 벽면의 3층 화장실에 변기들은 마치 공중에 떠 있는 듯 보인다. 기울어신 변기 모습에서 지진의 공포를 다시 한번 느낄 수 있다. 일부 교실은 종이를 접듯 포개져 있어 형태도 알 수 없다. 수업 시간이 아니었음을 감사해야 하는 교실 밖 전시이다.

이처럼 야외 전시는 그냥 보기에는 흉물스럽고 금방이라도 다시 무너질 듯한 두려움의 대상이다. 기울어진 교실 속 당시 학생들의 낙서 가득한 칠판과 허물어진 운동장 벽의 낙서까지 생생하게 전해주고 있어 지진 교육에 대한 효과는 굳이 말할 필요가 없다.

교실 안 박물관

영상관은 지진의 발생과 현황, 구조 과정, 복원과 예방에 이르기까지의 과정을 역사 도표로 설명하고 관련 사진과 영상을 보여주고 있다. 대

1 학생들의 낙서가 남아있는 칠판 2 공중에 띠 있는 화장실
3 과학적 설계에 따른 내진 기둥 4 지진추를 달아 지진에 대비한 구조물

똥청(東星)빌딩에서 구조되는 쑨씨(孫氏) 형제

신속히 대지진을 보도한 타임지

지진 발생 후 인명과 재산 피해 규모가 커지자, 세계의 구조대는 신속하게 대만의 현장으로 달려갔다.

921 지진은 지지 지역뿐 아니라 타이베이와 북부 산악 지역까지 영향을 미쳤다. 대표적으로 타이베이시 똥청(東星)빌딩이 연약한 지반으로 무너져 내렸다. 구조대는 무너진 건물에서 매몰자를 수색하다 10일이 경과 되어 생리적으로 포기 상태에 있을 즈음에 기적같이 두 사람을 구조하였다. 이들은 쑨씨(孫氏) 형제로 무너진 건물에 갇혔는데 다행히 그들 옆으로 냉장고도 함께 넘어져 물과 몇 개의 과일로 열흘을 버틴 것이다. 살고자 하는 생명체의 끈질긴 노력에 하늘이 답한 것이다. 고통스러운 시간을 보낸 두 형제도 포기하지 않았으며 구조대 역시 포기하지 않은 결과였다.

반면에 지우펀(九份) 지역에 산사태로 매몰되어 있는 부모님을 찾기 위해 두 자매가 영상 기록을 남기면서 찾아 나섰는데 현재까지도 소식을 알

공정교육관 내부

수 없다고 한다. 또한 지진 교육
관의 임 선생은 당시 군인으로
푸리(埔里)에서 구조활동에 나섰
다고 하였다. 구조 요청을 듣고
매몰자 구조에 나섰지만, 땅을
함부로 파지 못하였다고 한다.
왜냐하면 계속 흙이 함께 무너져
내렸기 때문이었다. 6시간 동안
모든 대원들은 힘을 다해 구조했

구조견의 역사

지만 결국 건물의 무게를 이기지 못하여 사망하였다고 한다.

　이와 같은 구조활동에 구조견의 역할은 절대적이었다. 지진공정교육
관(地震工程教育館)에서는 921 지진 발생 이후 세계 20개국에서 103마리의 구
조견이 파견되어 구조에 참여하였다고 소개하고 있다. 이들의 성과는 탁

월하였으며 대만 구조견 양성의 기반이 되었다. 2000년 타이베이 시립 소방국에 첫 구조견대가 조직되었으며 미국에 훈련원을 파견하였다. 대만은 최초 4마리 구조견을 시작으로 2023년 전국 11개 대대에 53마리의 구조견과 59명의 훈련원이 조직되어 있다.

지진체험관은 지진이나 화재 등의 상황을 체험해보고 어떻게 대처해야 하는지 방재 대책에 대해서 전시하고 있다. 사면의 벽에는 지진 발생 시 현장의 상황이 상영되며 바닥은 흔들리기 시작한다. 부엌 도구가 떨어지고 화재 경보음이 요란하게 울리며 실제와 같은 상황이 약 5분간 진행

지진 체험관 입구

대피용 가방

걱정말고 미리미리 준비

된다. 심장병, 고혈압, 천식, 척추 상해자와 임신부는 체험하기에 부적합하다고 안내하고 있어 실제 체험 강도를 알 수 있다. 또한 어린이들의 재해 예방 교육에도 중점을 두고 있다. 영상과 스크린을 통하여 재해의 심각성을 보여주고 문답식 자료를 전시하여 교육 효과를 높이고 있다.

방재교육관은 지진 발생 시에 예방 대책, 적절한 구조 및 피난 개념을 교육하고 해외의 각종 방재 대책을 소개하고 있다. 심지어 세계 각국의 서로 다른 재난경보음을 들을 수 있다.

또한 독일의 지진학자 웨이허(威赫: 비헤르트)가 발명하여 1928년 초창기 대만의 지진 활동을 계측한 〈지진의(地震儀)〉를 전시하고 있다. 지진의는 1964년 바이허(白河)지진을 시작으로 1970년대 전자식 지진계가 도입될 때

60년(1928-1988) 활동한 지진의(地震儀)

지진의(地震儀)의 진화 과정

까지 거의 반세기 동안 대만의 지진을 감지하는 역할을 하였다. 1988년 최후 관측을 하고 2006년 방재교육관에 이동하여 전시되었다. 역사적 실체를 보존하여 그 역할과 기능을 보여주고 있다.

지진박물관은 개관 10주년을 즈음하여 중건기록관을 개관하였다. 기록관은 지진으로 인한 피해를 어떻게 극복해 가는지를 보여주고 있다. 폐허의 땅이 아니고 새로운 삶의 터전으로 재건해 가는 과정을 소개하고 있다. 총 5개의 주제로 지진 발생 당시 놀란 국민의 모습, 정책과 법제적 조치, 이재민 긴급 구호, 중건(重建), 번영과 변혁의 주제관으로 구성되었다. 지진 당시의 파괴 현장의 사진을 전시하고 각종 매스컴의 헤드라인(Headline)을 통하여 지진의 심각성을 싱기시키고 있다.

과학이 발달한 오늘날에는 태풍의 발생과 이동 경로를 어렵지 않게 예

중건기록관

측할 수 있다. 그러나 지진의 발생은 사전에 인지하기가 거의 불가능하
다. 921지진교육원구는 예고 없고 예측할 수 없는 지진에 대해 슬기롭게
대처 할 수 있는 방법들을 생생하게 교육하고 있다.

台北市政府文化局
北投溫泉博物館

닭똥 냄새 풍기는
온천 (溫泉)
박물관

Beitou Hot Spring Museum smells like chicken poop

백년이 넘은 이국적인 온천 박물관

대만은 전국적으로 다양한 특질의 온천이 많다. 냉천으로 유명한 쑤아오(蘇澳) 냉천과 노천으로 유명한 우라이(烏來) 야외 온천이 있다. 냉천에 몸을 담그면 기포가 올라와 마치 탄산수에 몸을 담근 것같이 시원하다. 우라이 야외 온천은 겨울에 발만 담그고 있어도 추위를 잊는다. 머리에 수건 한 장을 얹으면 사우나 효과와 별 다를 바가 없다. 대만 온천은 일본 통치(이하 '일치(日治)'라고 한다)시대 일본의 온천 문화가 그대로 유입되어 현재까지도 대만 사람들의 독특한 온천 문화가 되었다.

타이베이는 양밍산(陽明山)을 중심으로 유황온천이 산재해 있다. 특히 양밍산 아래 티엔무(天母)지역에는 유황천이 안개를 피우며 시내처럼 흐른다. 피부병에 효능이 알려져 많은 사람이 방문하여 온천욕을 즐긴다. 옛 온천 문화의 영향으로 대부분 온천은 식당을 함께 운영하며 일정 금액 이상 식사를 하면 온천은 무료이다. 필자는 처음에 이 문화를 알지 못하여 밥값은 밥값대로, 목욕비는 목욕비대로 지불하였다. 사실을 알고 난 이후에는 밥을 먼저 먹고 온천을 하였는데 익숙하지는 않았다.

양밍산(陽明山) 일본식 온천

대만의 온천 문화는 사실상 베이터우(北投) 지역에서 시작되었다. 베이터우 온천은 1894년 독일의 광산업자에 의하여 처음 발견되었다. 따툰산(大屯山) 화산군(火山群) 지역의 유황 온천이며 관뚜(關渡)평원 지역에 걸쳐 있다. 1895년 청일전쟁 이후 일본군의 주둔으로 인하여 군인의 휴식처와 장기 요양의 의료 거점을 목적으로 온천수의 수질을 조사하고 초창기 온천을 지었다. 건축양식은 일본의 온천 건축을 그대로 적용하였다.

초창기 온천의 경영과 소비의 수제는 주로 일본인으로 내

가족탕 내부

일치(日治)시대 베이터우 온천 공원과 2층 망루

만 서민은 쉽게 접근할 수 없었다. 그러나 1913년 6월 17일 베이터우온천공공욕장(北投溫泉公共浴場)과 온천공원이 준공되어 온천 문화가 일반인에게 대중화되는 계기가 되었다. 일본 시즈오카현 이즈야마(靜岡縣 伊豆山) 온천양식을 모방하였으며 약 700㎡에 2층 구조였다. 당시 화폐로 56,000원(圓) 이상이 지출되었으며 타이베이 공중보건부가 관리하였다.

이후 다양한 온천이 건축되었으며 경영 방식도 휴게소(休憩所)·여관(旅館)·요리점(料理店)으로 세분되어 발전하였다. 특색있는 온천 산업과 일본식의 이국적인 분위기가 어우러져 자연스럽게 영화 촬영 장소로 인기를 얻었다. 1960~1970년대 사이에는 100편이 넘는 영화가 촬영되어 대만의 할리우드라는 명성을 얻었으며, 베이터우 온천박물관 복도에는 당시 영화 포스터들이 옛 영광을 재현하고 있다.

대만인의 독특한 온천 문화는 2차 대전 후 일본인의 철수로 쇠퇴기를 맞았다. 온천과 여관업 일부는 점차 홍등가 형태로 변모해 갔으며 1954년 이를 법제화(『女侍應生主宿戶聯誼會』)하여 이 지역은 만화경이 되었다. 홍쇄를 거듭하며 버려진 공공욕장은 1994년 베이터우 초등학교의 교사와 학생들이 지역 문화 견학에서 발견하고 보존을 청원하게 되었다. 그리하여 공공욕장은 1997년 2월 20일 시립 사적지로 지정되었다. 복원 작업을 거쳐 "베이터우 온천 박물관"으로 1998년 10월 31일 일반에 공개되었다. 지역 사회가 제안하여 박물관으로 개조한 최초의 건물인 온천박물관은 베이터우 문화의 상징이 되었으며 온천 역사의 핵심이 되었다.

온천에 발 담그기

　1896년 개인이 운영하는 쏭타위엔(松濤園)과 티엔고우안(天狗庵) 온천이 처음 문을 열었다. 베이터우 선과 연결한 신베이터우역의 개통은 온천에 더 많은 사람을 유인하게 되었다. 1912년 대만총독부는 「대만인 입욕습관 순화(馴化臺灣人入浴之習)·개인위생관념양성(養成個人衛生觀念)」이라는 정책에 따라 특별히 공공위생비(公共衛生費)를 배정하여 대만 전역의 온천 지역에 공공욕장을 설치하여 대만인의 목욕하는 습관을 장려하였다. 아울러 각지의 향진(鄉鎮)에서 위생강좌와 홍보를 하였다. 민중은 점차 목욕은 개인위생을 유지하는 것뿐 아니라 신체상의 질병을 예방할 수 있다고 인식하기 시작하였다.

제일 큰 베이터우석

작은 베이터우석

　베이터우의 온천수는 성분에 따라 크게 세 종류로 나눈다. 청황천(靑磺泉), 백황천(白磺泉), 철황천(鐵磺泉)으로 산성도(Ph;酸)와 색깔에 따라 각각 다른 특성을 지닌다. 세계의 4,000개 이상 광물 중 대만 지명을 따서 명명된 유일한 광석인 베이터우석(北投石; Hokulite)은 지열(地熱) 계곡의 청황천에서 생성된다. PH 1~2의 강산성으로 부식성이 있으며 미량의 라듐(鐳: Radium,Ra)이 포함되어 있다. 일본의 아키타(秋田縣)와 베이터우 지열곡에서만 볼 수 있다. 베이터우석 1㎝가 결정화되는 데는 약 120년 정도 걸리며 현재 제일 큰 베이터우석은 무게가 약 800㎏이다.

　온천 박물관은 신발을 벗고 신발장 안의 실내화를 신고 입장을 한다. 나무 재질의 신발장은 크기가 각기 다르며 신발장에는 번호표가 달린 열쇠가 있다. 온천박물관은 복층으로 2,300평방 미터 규모이며 1층은 붉은 벽돌을 주재료로 사용하고 2층은 목조우림판(木造雨淋板)으로 건축되었다. 즉 반목식(半木式)으로 아래층은 대부분 석조 스타일이며 위층은 15세기에서 17세기 영국에서 흔히 볼 수 있었던 스타일로 일치시대 대만 철도건축에

대욕장 아치형 복도

동서양 양식이 혼합된 반목식 온천

인기가 있었다.

　동서양 건축양식을 혼합하여 건축하게 된 것은 당시 영국 유학생 출신과 영국 건축사들의 왕래에 영향을 받았다. 외부에 우뚝 솟은 굴뚝과 대욕장의 아치형 복도, 돌출된 발코니 설치가 대표적이다. 1층은 목욕 공간이며 2층은 휴식 공간으로 설계하였다. 전시는 크게 세 가지 주제로 구성되어 있다. 첫째, 온천 도량(道場)은 베이터우 온천욕장 및 주요 산업의 역사를 소개한다. 둘째, 베이터우 욕장(Sento)전시관은 베이터우 온천 특징과 목욕 문화를 소개하고 있다. 셋째, 온천 엑스포는 박물관의 과거와 현재를 보여주고 있다.

대욕장

중앙의 대욕장(大浴場)은 길
이 6m, 폭 4m의 직사각형
형태로 건축 당시 동아시아
에서 가장 큰 공중목욕탕이었
다. 아치형의 복도와 스테인
드글라스 창문은 마치 로마
목욕탕의 풍격과 흡사하다.

대욕장 입구

욕탕 입구에는 등에 문신
을 한 남성의 그림에 "입욕
금지"라고 쓰여 있는데 당시
문신한 사람은 온천욕을 할
수 없었음을 알 수 있다. 그
외에도 흙이 묻은 발이나 피
부병, 전염병, 알코올 중독자
는 입장할 수 없었으며, 12세
미만은 가장 또는 성년과 동

입욕금지

반하여 입장 가능하였고 수경(水鏡), 수영판(水泳板), 비치볼 등 물놀이용품은
반입이 허용되지 않았다. 또한 동의 없이 참관하여 촬영하는 것도 금지되
었다. 이것은 개인의 사생활을 존중하는 온천 문화를 보여주고 있다. 온천
의 입장료는 1935년(昭和: 소화 10년) 당시 대인(大人) 20전(錢), 소인(小人) 10전이
었다.

소욕장(小浴場)은 주로 여성 손님을 위해 예약되었다. 당시 여성들은 공
중목욕탕을 거의 혼자 이용하지 않았다. 그들은 보통 가족이나 아이를 동

여자의 목욕공간 소욕장

개인 위생 구역

반하여 함께 온천에 갔다. 베이터우 공중목욕탕의 배치는 당시 사회가 보수적이고 남성 지배적인 성격을 잘 보여주고 있다.

"개인 위생 구역"은 개인 위생을 위한 수도와 거울이 설치되어 있고 온천욕의 대중화에 따라 건강과 연관한 목욕법이 소개되었다. 그중 하나가 수건을 활용하는 방법이다. 일본 온천욕 문화를 받아들인 대만은 욕장에 수건을 들고 들어가는데, 실내에서나 여름에 온천욕을 할 때 머리 위에 차갑게 올려둔 젖은 수건으로 체온을 내려 뇌출혈을 예방하며 겨울이나 노천욕을 할 때엔 따뜻한 수건으로 체온을 유지하는 용도로 사용한다.

베이터우의 기억

"베이터우 인상" 구역의 전시물 베이터우의 기억(北投的記憶)은 고대 시에서 영감을 받아 찰흙, 스테인레스, 구리 등을 사용하여 글자처럼 조각하였다. 추상적이고 기하학적으로 온천박물관의 역사를 언어 형태로 표현하였다. 엑스포관 복도에는 온천의 연대기와 베이터우의 주요 사건 기록 및 옛 지도를 통해 베이터우의 과거를 비교해 볼 수 있다.

온천 Expo

나카시 문화를 만나다

온천박물관 야외의 일본식 정자는 과거 인력거가 멈춘 곳으로, 지금은 관광객들이 쉴 수 있는 공간으로 탄생하였다. 입구 지붕에는 일치 시대의 검은 기와가 아직 남아 있다. 과거 일본 온천 양식이 물씬 풍기는 박물관은 외형적인 영향뿐 아니라 대만인에게 새로운 문화로 스며들었음을 보여준다.

밖에서 바라본 망루와 돌출된 발코니

넓고 앞이 확 트인 2층의 일본식 다다미와 망루(望樓)에서는 간단히 차를 마시거나 담소를 즐길 수 있다. 다다미 옆의 복도와 반원의 높은 창은 서양 건축기법을 도입한 것이다. 복도를 따라 걸으면 온천공원의 잔디밭과 녹색 바닥의 온친 계곡을 볼 수 있다. 온천수가 지나가는 계곡에는 싫지 않은 닭똥 냄새가 그윽하다.

다다미에서 여유

"온천 도조전(溫泉DOZO展)" 구역은 베이터우 지역의 온천 호텔과 주변 산업의 발전에 따른 새로운 문화의 등장을 소개하고 있다. 호텔의 카운 터에서 체크인을 하고 열쇠를 받는 자신의 모습이 스크린에 나타난다. 과거로의 여행을 현대의 디지털과 조합한 것이다. 당시 온천 호텔 방은 일반 2인 1실 기준으로 1박에 220전(錢), 3인 방은 350전, 두 개의 탕이 딸린 가족 방은 480전, 고급의 스위트룸은 550전이었다.

온천 호텔은 1960~1970년까지 60~70개의 호텔이 들어서 전성기를 누렸다. 호텔 방문객의 대부분은 일본인, 미군, 부유한 대만인이었다. 이 시기는 베이터우 온천이 변질되는 시기였다. 이전 시기 온천에 가서 먹고 목욕하고 경치를 감상하는 것에 술과 노래가 더해졌다. 당시 "술고래는 술에 관심이 없다"라는 말이 이러한 변화를 잘 표현해 준다.

나카시 퓨전 요리 모형

이 시기 대만의 독특한 온천 문화가 태동하였는데 그것이 바로 일본의 게이샤 문화의 영향을 받아 나타난 '나카시(那卡西)'문화이다. 나카시는 일본어의 음역이며 이동하면서 즉석 반주와 노래를 하는 일종의 악단이다. 베이터우는 스쿠터의 보급에 따라 이전보다 신속하게 손님들에게 음악가를 이동시켰다. 또한 일본식 요리가 혼합되어 이전과 다른 독특한 나카시 요리가 개발되게 되었다. 1960~1970년대 아타미 호텔(熱海飯店)을 비롯한 이 지역 호텔은 총 16가지 퓨전요리를 유행시켰나. 한 섭시(單點)는 오백 원(元), 반탁(半卓; 8가지)은 천오백 원, 정탁(整卓; 16가지)은 삼천 원이었다. 현재 낡은 사진과 그림을 통해 12가지가 고증되어 소개되고 있다. 전시실에 설치한 원탁에 앉아 눈으로 요리를 즐길 수 있다.

나카시는 온천업자들이 고객들을 더 유인하기 위하여 도입한 오락문화라고 할 수 있다. 당시 대부분 온천에서는 나카시 악단이 있었으며 백여 집단 이상인 것으로 추정되었다. 악단은 당시에 유행하는 창작가요 외에 일본 가곡을 재차 리메이크하여 주로 일본인의 취향을 맞추어 주었다. 나카시의 등장은 대중적이던 온천 문화가 사행성으로 변질하고 있음을 보여주는 것이다.

나카시가 연주하던 악기는 초창기 일본의 현악기 샤미센(三味線; Shamisen)이나 중국 푸젠성(福建省; Fújiàn Shěng) 지역의 전통악기인 난관(南管; Fujian

나카시 악단

Province)이었다. 점차 개량된 서양의 아코디언(Accordion), 기타(Guitar) 등 다양한 악기가 동원되었다. 나중에는 전자오르간이 도입되어 더욱 흥이 넘치는 오락문화로 변하였다.

나카시는 일반적으로 가수, 고수(鼓手), 기타나 풍금 또는 건반악기 연주자 3인이 하나의 악단으로 구성되었다. 가수가 먼저 노래를 부르고 손님을 무대로 초대하여 노래를 함께 부르거나 도와주는 형태이다. 요금은 보통 1시간에 사백 원(元)이었다. 나카시 악단은 100곡 이상의 노래를 영어, 일본어, 중국어, 대만어 등으로 불렀다. 나카시의 등장으로 건전하였던 온천 문화는 점점 퇴폐적으로 변화하였다. 이에 정부는 변질된 온천 문화를 바로 잡고자 매춘과 베이터우 철도 지선을 폐지하였다. 강력한 법의 시행과 철도의 폐쇄로 이 지역은 짧은 시간에 황폐되었다. 공공욕장

지열곡 입구

역시 몰락하였으며 나카시도 베이터우 온천을 떠났다.

  나카시의 야외무대였던 지열곡공원(地熱谷公園)은 박물관을 나와 독특한
유황 냄새가 풍기는 계곡을 따라 약 400m 정도 오르면 만난다. 베이터우
천의 발원지이며 지옥계곡으로 알려진 분지 모양의 함몰 지역이다. 마치
호수를 보는 듯한 비경은 섭씨 60~70℃의 온천수이며 최고 수온 98℃이

지열곡 호수

다. Ph 1.4~1.6이며 베이터우석이 생성되는 계곡이다. 맑고 비취 같은 녹색 유황천은 미량의 라듐성분이 함유되어 세포에 활력을 주고 면역력을 강화시켜 힐링효과가 있다. 안개처럼 피어나는 유황천을 들여 마시는 것만으로도 심신을 편하게 해준다. 베이터우석이 생성되는 약 300m 구간은 천연보호 구역으로 출입할 수 없다.

중국문명의
새벽을 여는

역사문물
진열관

(歷史文物陳列館)

Museum of The Institute of History and
Philology Academia Sinica opens the dawn of
Chinese Civilization

상왕(商王) 동물원으로 가다

역사문물진열관은 대만을 넘어 중국 고대의 역사로부터 출발한다. 대다수 유물이 대륙에서 조사되어 국민당 정부가 대만으로 도해 시기에 가지고 온 것이다. 그래서 구석기 유적부터 한대(漢代)에 이르기까지 이른 시기의 다양한 유물을 만날 수 있다.

상나라 사람들은 생태학적 관찰을 하고 인간 세계와 관련된 추상을 이해하기 위하여 자연에 대한 해석을 적용하였다. 중국 최초의 문자인 갑골(甲骨)은 자연과 동물의 생태관찰을 통해 주된 특징을 묘사하여 상형화한 것이다. 주로 점을 치고 신에게 복을 빌거나 하늘에 제사를 지내는 풍습과 관련이 있다.

"상왕 동물원"의 전시실로 들어가는 것은 약 3천 년 전을 배경으로 인간과 동물의 상호작용을 통한 고대 문화를 목격하는 것이다. 곤충·물고기·새·짐승 등을 상징하는 그림과 글자가 인명과 고유지명이 되는 과정을 이해하게 된다. 고대사회의 발전에 따른 복잡해진 언어는 단순한 갑골문자를 추상적으로 변화하여 더 새로운 단어를 등장시켰다.

갑골문은 1899년 발견된 이래 빠르게 학자들의 관심을 끌며 수집과 연구를 시작하였다. 대규모의 과학적 발굴은 1928년 상나라 후기의 수도인 은허(殷墟)에서 발굴되었다. 현재 중앙연구원 역사어언연구소(歷史語言研究所)에 소장 되어 있는 갑골의 수는 약 2만 5천여 점 이상이다. 세계에서 은허 갑골문 개별단위로는 가장 질이 좋고 많은 수량이다.

갑골의 문자와 그림의 내용을 살펴보면 세 부류의 내용이 자주 등장한다. 첫째는 동물을 상형화하여 글자를 생성하는 과정이다. 개와 돼지가 구분되는 원리와 새·제비·닭의 원형 형태가 다르다. 둘째는 사냥하여 획득한 동물과 자세한 수량을 적은 것이다. 사냥한 사람의 이름과 사냥터 등의 고유명사를 처리하는 과정을 이해할 수 있다. 셋째는 제일 중시되는 하늘에 점을 치고 복을 기원하는 제사와 관련한 내용이다. 무엇이 희생되는지와 수량을 표시하여 갑골이 갑골문으로 되어 가는 과정을 짐작할 수 있다.

특별 전시는 갑골에 새겨진 동물 문자와 그려진 그림으로 기원전 언어를 인간과 관계하여 해석하는 것이다. 전시된 갑골에는 돼지·개·소·양·코끼리·말·사슴·호랑이·거북이·뱀·꿩·용·봉황 등 많은 동물이 문자화되어 있다. 야생동물뿐 아니라 전설로 전해지는 신화적 동물도 있고 가축화된 동물도 문자화하였다.

갑골은 보통 거북이 배와 코끼리의 상아, 동물의 뼈 등에 새겼다. 동물은 주로 소, 호랑이, 사슴처럼 덩치와 골격이 큰 뼈를 사용하였다. 심지어 일부는 사람의 뼈를 사용하기노 하였다. 대표적으로 소의 발목뼈 갑골

우거골각사(牛距骨刻辭) 을(乙)8688

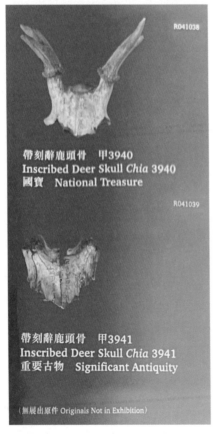

대각사록두골(帶刻辭鹿頭骨) 갑(甲)3940, 3941

과 지금까지 두 개만 발견된 사슴 머리뼈 갑골이 중앙연구원 수장고에 있으나 전시되지 않고 사진으로 대체되었다.

국보 〈우거골각사(牛距骨刻辭) 을(乙)8688〉은 높이 7.3㎝, 너비 5.7㎝, 깊이 4.5㎝로 소의 발목뼈이다. 상대(商代) 사람들이 사용한 일종의 주사위 또는 놀이 도구이다. 이것을 던지면 바닥에 설 수 있도록 사면이 연마되어 있다. 상왕이 수행한 대을(大乙) 제사 의식을 기록하였다.

국보 〈대각사록두골(帶刻辭鹿頭骨) 갑(甲)3940〉은 상왕(商王)이 방국(方國)을 정벌하고 돌아오는 길에 하오(蒿地田)에서 사냥하여 문무정(文武丁)에게 제사할 희생물을 얻었다고 기록되었다. 중요고물 〈대각사록두골(帶刻辭鹿頭骨) 갑(甲)3941〉은 3차 은허 발굴지에서 출토되었는데 역시 상나라의 사냥에 관한 내용이 적혀있다.

 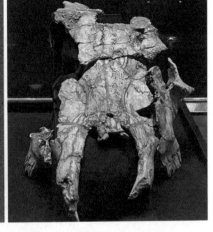

각화수골잔편(刻畫獸骨殘片) 갑(甲)2336 우두골각사(牛頭骨刻辭) 갑(甲)3939

　중요고물 〈각화수골잔편(刻畫獸骨殘片) 갑(甲)2336〉은 호랑이 한 마리와 서
로 다른 생김새의 원숭이 두 마리가 좌우에 그려져 있다. 불타오르는 제
단 위에 말 한 마리가 그려져 있다. 꿩(雉)과 유사한 글자는 새의 머리 위
에 화살이 그려져 있다.

　〈우두골각사(牛頭骨刻辭) 갑(甲)3939〉는 현전하는 유일의 소머리에 새긴
갑골이다. 길이 52.5㎝, 너비 27.5㎝, 높이 27㎝, 무게 1.7㎏이며 제신
(帝辛) 10년 상왕이 야생 소인 들소를 사냥하였다는 기록이 적혀있다. 소의
이빨이 아직 선명하게 드러나 있다.

　〈녹각기(鹿角器) 갑(甲)3942〉의 표면은 갈고 다듬어져 윤기가 나며 무정
(武丁) 시기 고위 장군의 이름으로 추측된다. 작을 소(小)로부터 새 추(隹)가
되고 다시 참새 작(雀)이 되었다. 참새와 연관된 인명이나 주변 국가의 이
름으로 추정된다. 새겨진 참새의 눈은 크고 정교하여 흡사 한 폭의 그림
과 같다.

▼ 녹각기(鹿角器) 갑(甲)3942

▼ 수골복사잔편(獸骨卜辭殘片) 갑(甲)2928

1 대복사귀복갑(帶卜辭龜腹甲) 을(乙)507+병(丙)284　2 수골복사잔편(獸骨卜辭殘片) 갑(甲)2367
3 수골복사잔편(獸骨卜辭殘片) 갑(甲)2624　4 귀갑복사잔편(龜甲卜辭殘片) 갑(甲)1961

〈수골복사잔편(獸骨卜辭殘片) 갑(甲)2928〉은 짐승의 뼈에 개와 돼지를 그렸다. 개와 돼지 갑골의 주요 차이점은 개가 홀쭉한 배와 구부러진 꼬리를 가지고 있고 돼지의 등에는 갈기가 있어 멧돼지를 가리키는 것으로 추정된다. 이 시기에 야생의 돼지가 더 흔히 인간과 접촉한 것으로 생각해 볼 수 있다.

〈대복사귀복갑(帶卜辭龜腹甲) 을(乙)507＋병(丙)284〉는 호랑이 한 마리, 사슴 40마리, 새끼 사슴 159마리, 여우 164마리를 사냥하였다는 기록이다. 발견된 갑골 중 상대에서 가장 많은 여우를 잡은 기록이며 호랑이는 잡기 어려워 한번 사냥에 한 두 마리 포획했다고 기록하였다.

〈수골복사사잔편(獸骨卜辭殘片) 갑(甲)2367〉은 개 한 마리가 눈과 입을 크게 벌리고 뾰족한 귀를 치켜세우고 질주하는 형상이고, 〈수골복사잔편(獸骨卜辭殘片) 갑(甲)2624〉는 섬세한 붓놀림으로 검은 잉크를 사용하여 활기찬 새를 묘사하였다. 연관하여 닭은 계관(鷄冠)을 들어 하늘 높이 우는 형태이며 제비(燕)는 벌린 입을 위로하고 펼친 날개와 두 갈래 갈라진 꼬리로 표현되었다.

〈귀갑복사잔편(龜甲卜辭殘片) 갑(甲)1961〉은 추(隹)와 조(鳥) 모두 새를 상형화한 것이다. 전자는 날개를 강조하여 허사(虛辭)로 사용되고 후자는 부리를 강조하여 새를 상징하였는데 시간이 흐르면서 통칭 되어 새를 의미한다.

〈대복사귀복갑(帶卜辭龜腹甲) 을(乙)507＋병(丙)86〉은 정면에는 사슴과 들소를 사냥할 수 있는지를 묻는 점술이 기록되어 있다. 또한 개, 양, 사람을 제물로 바쳤다는 기록이 있어 상나라 때 인간을 실제 제물로 바친 증거가 되었다. 뒷면에는 소 한 마리를 제물로 바쳤다는 내용과 야생 사슴 451마리를 사냥하여 획득했다는 기록이 있다. 이는 단일 종의 짐승 수로는 가

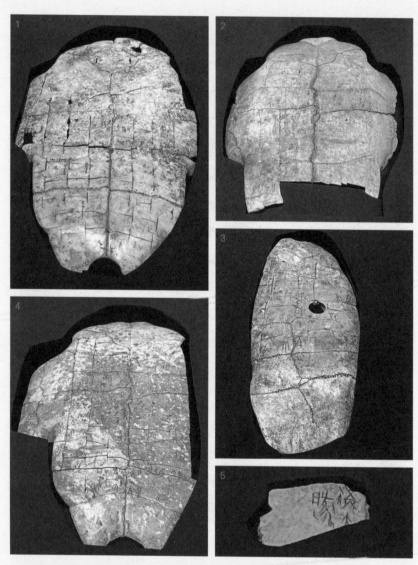

1 대복사귀복갑(帶卜辭龜腹甲) 을(乙)507+병(丙)86　2 대복사귀복갑(帶卜辭龜腹甲) 을(乙)4603
3 귀배갑복사(龜背甲卜辭) 을(乙)4683　4 대복사귀복갑(帶卜辭龜腹甲) 을(乙)4718
5 귀갑복사잔편(龜甲卜辭殘片) 갑(甲)2224

장 많은 기록이다.

〈대복사귀복갑(帶卜辭龜腹甲) 을(乙)4603〉은 신(新)이라는 사람이 질병을 앓고 있어 재앙을 막기 위해 제사를 지내고 싶어 하는데 백돼지를 남자 조상신과 여자 조상신 중 누구에게 바쳐야 할지를 물었다. 신년에는 암양(母羊)을 남자 조상신 딩(丁)과 우(戊)중 누구에게 제향할지 점을 본 것이다. 또한 향후 상제봉헌(上帝奉獻)에 30마리 희생물을 바치는 것과 같은 날 수돼지와 양을 제물로 바치는 기록이다.

〈귀배갑복사(龜背甲卜辭) 을(乙)4683〉은 국가의 재앙 유무를 신에게 물어 운세를 물어본 것이다. 거북이의 중앙에 있는 타원형 구멍은 노끈을 묶은 흔적으로 은허 지역에서 독점적으로 발견되었다. 점복에 이용한 것은 함부로 버리지 않고 엮어서 보관한 것으로 짐작된다. 신은 뱀 두 마리 충충(虫虫)으로 표현되었다.

〈대복사귀복갑(帶卜辭龜腹甲) 을(乙)4718〉은 제후국에서 보내온 코끼리, 말, 원숭이 등 공물에 대하여 길흉을 본 것이다. 상나라에서 말과 마차를 세는 단위인 '병(丙)'이 쓰여 있어 갑골의 시기를 명확히 보여준다.

〈귀갑복사잔편(龜甲卜辭殘片) 갑(甲)2224〉는 강풍이 불지 안 불지에 대한 기상 상황을 점친 내용이다.

고대 고고학의 뿌리

"동물 고고학"은 대만 중앙연구원 역사문물 진열관에서 주목되는 구역으로 타이난(臺南) 난관리(南關里)에서 발굴되어 약 5천 년 전으로 추정되는 〈최초의 개〉유적에서 비롯되었다. 이 유적은 완벽한 골격으로 발굴되었는데 온전한 형태로 묻혔기 때문에 먹이로 취급되지 않고 종교적 희생물이거나 최소한 인간과 적대 관계가 아니었음을 추측할 수 있다.

동물 고고학은 고대 인간과 동물의 관계를 연구하는 것이다. 인간과 동물 사이의 상호작용과 서로의 생활방식에 어떤 영향을 미쳤는지 세 영역으로 연구하고 있다. 첫째는 동물을 자원으로 활용하는 방법이다. 예를 들어 말과 소와 같은 동물을 어떻게 순화시켜 이동 수단 및 생산 활동에 동력으로 활용하였는지를 연구하는 것이다. 둘째는 가축화가 동물 형태학의 변화와 동물의 진화에 미친 영향이다. 셋째는 동물의 종교적 희생이 인간문화와 사회에 미친 영향이다.

개(犬) 유적

서북강(西北岡)에서 발굴한 상왕릉(商王陵) 묘역은 원하북단후가장(洹河北岸侯家莊) 북변의 고지대이다. 1934년과 1935년에 세 차례의 발굴조사를 통해 대묘 11기와 소묘 1,300여 기를 발굴했다. 이후 1950년 대대적으로 발굴조사를 시행하여 무관촌(武官村) 대묘와 소묘 200여 기를

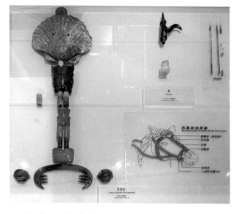

164호 출토 말(馬) 장식

투구(頭盔)

추가로 조사하였다.

상왕 시기 대묘에서는 많은 수의 창날이 출토되었다. 또한 많은 양의 〈투구(頭盔; Helmets)〉도 출토되었다. 투구의 앞면에는 다섯 종류의 동물 문양이 새겨져 있으며 합(合), 저(貯), 정(鼎), 오(五) 등의 문구가 새겨져 있다. 164호에서 출토된 옥과 조개로 제작한 〈말 장신구〉는 매우 화려하다. 출토 시 말의 형태가 온전하고 말의 머리 위에 장식이 놓여 있어 지배층이 몰던 말이었음을 짐작할 수 있다.

1550호 묘기에서는 49개의 두개골이 같은 간격으로 배치되어 발굴되어 상나라 시기의 실제 순장(人殉)제도를 살펴볼 수 있다. 상 왕조(B.C 11~16) 동안 인간 희생의 관행은 흔했다고 전해진다. 모든 두개골은 시신과 분리

순장(人殉)

되어 정배열로 배치되었으며 시신은 별도의 구덩이에 묻은 것으로 추측
된다. 두개골은 경추(頸椎)가 붙어 출토되었는데 왕실 무덤에 순장되기 전
에 미리 머리가 절단되었음을 알 수 있다. 박물관에 전시된 두개골은 발
굴 당시 실제 출토된 인두이다.

1004호 아자형(亞字形) 대묘에서는 〈우방정(牛方鼎)〉과 〈녹방정(鹿方鼎)〉이
출토되었다. 우방정은 황소 머리가 새겨진 방형(方形)의 동기(銅器)이다. 안
양(安陽)지구 고고학에서 가장 부피가 크고 무거운 유물로 높이 73.3㎝, 너
비 45.4㎝, 무게 110kg이다. 기신(器身)의 중앙에 기하학적인 황소 머리
문양이 있고 양측으로 봉황이 양각되었다. 측면에도 소머리 문양이 있으
며 양쪽으로 용과 새가 새겨져 있다. 우방정 내부의 중앙에는 황소가 역

1 우방정(牛方鼎) 정면/측면   2 녹방정(鹿方鼎) 정면/ 측면   3 석성(石磬)

동적으로 묘사되었으며 배면에는 우(牛)라는 명문이 새겨져 있다. 동정(銅鼎)의 네다리 역시 소머리 문양이 새겨져 있다.

녹방정은 중앙에 사슴의 머리가 기하학적으로 양각되었으며 높이 60.9㎝, 너비 37.4㎝, 무게 60.4kg으로 우방정보다 작다. 측면에도 사슴의 머리가 있으며 옆으로 새와 용이 있다. 내부 중앙에는 뿔과 머리가 몸보다 크게 그려져 있는 사슴이 있고 배면에 록(鹿)자 명문이 새겨져 있다.

우방정과 녹방정 서편에서는 〈석성(石聲; Chime Stone)〉이 〈옥봉(玉棒)〉과 함께 출토되었다. 어두운 녹색이 비치는 대리석으로 한쪽 끝은 날카롭고 다른 쪽은 둥글고 불규칙한 삼각형이다. 석성을 걸기 위한 구멍이 새겨있으며 표면은 잘 연마되어 있다. 의례용으로 추정되며 옥봉으로 석성을 치면 소리(Tinkle)가 난다.

국보 〈청동 인면(人面)〉은 눈과 눈썹이 치켜 올라가 있으며 코는 높고 콧구멍은 넓다. 귀는 크고 입은 입꼬리가 올라가 있어 화난 표정이다. 인상은 중국인보다는 서양인에 가까우며 상당히 이국적으로 묘사되었다. 머리 윗부분에는 매달 수 있는 고리가 있어서 악령을 쫓는 용도로 사용한 것으로 추측된다.

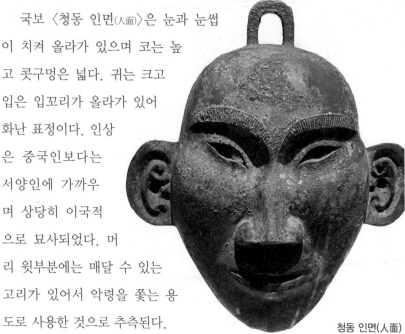

청동 인면(人面)

중요고물(重要古物) 〈우작(右勺)〉은 물을 뜨는 도구이다. 입구는 반타원형이고 원통형 손잡이가 있으며 용량은 1,520㎖이다. 어떠한 문양과 장식도 없이 단순하지만 우(右)라는 글자가 새겨져 있다. 이 글자는 오른쪽에 놓인 위치를 나타내는 것으로 추측된다. 왕족이나 귀족들이 씻을 때 하인들이 물통에서 물을 떠서 몸에 부었던 도구이다.

우작(右勺)

두레박으로 사용한 〈현문호(弦紋壺)〉는 입은 바깥으로 뻗어있고 양옆에는 고리가 달려있다. 이 고리에 끈을 엮어 우물이나 개울에서 물을 기를 때 사용하였다. 목은 곧고 활시위 문양이며 배는 부풀어져 있어 서서히 물이 주입되도록 제작되었다.

하남(河南)에서 출토된 유물을 전시한 동주(東周; B.C 770~221) 문물전은 청동 유물의 정교함과 화려함을 보여준다. 중요고물 〈호형존(虎形尊)〉은 호랑이 문양의 주전자로 입을 쫙 벌리고 무섭지 않은

현문호(弦紋壺)

표정이며 입에서 물이 흘러나온다. 다리는 짧고 등에는 손잡이가 달린 뚜껑이 있으며 우스꽝스럽게 제작되었다.

중요고물 〈온정(溫鼎)〉은 물을 끓이는 대형의 가마솥이다. 솥의 내부에 사람 모양을 새겼는데 학자들은 '따뜻할 온(溫)'으로 해석하여 온정이라고 명명하였다. 솥의 배는 깊고 크며 용량은 39,600㎖이다. 온정은 다리가 있어 숯을 밑에 놓아 물을 끓일 수 있으며 큰 귀가 달려있어 매달아서 물을 끓일 수도 있다. 오늘날까지 이런 종류의 솥은 극소수만이 출토되었다.

1 온정(溫鼎) 2 호형존(虎形尊) 3 반용뢰(蟠龍罍) 4 수형기좌(獸形器座)

중요고물 〈반용뢰(蟠龍罍)〉는 제사를 지낼 때 사용하는 술독이다. 날개가 있는 두 쌍의 얽힌 용은 그릇 사방의 어깨에 서 있다. 한 마리는 위를 보고 다른 한 마리는 아래를 보고 있는데 입에는 고리가 달려있다. 네 고리 사이의 배에는 원래 황금으로 새겨진 용이 상감 되었었다. 현재는 도굴이나 고의에 의하여 훼손되어 있었던 흔적만이 남아 있다.

국보 〈수형기좌(獸形器座)〉의 머리는 큰 눈에 찢어진 입을 지닌 짐승이며 몸은 배가 나온 사람의 몸이다. 두 다리 아래는 용이 꽈리를 틀었고 머리 위에는 네 개의 뿔이 뻗어 나갔다. 뒤의 뿔은 사슴의 뿔 형태이며 앞의 뿔은 손으로 잡고 있다. 접시나 쟁반을 바치는 용도로 사용되었거나 촛대일 수도 있다. 지금까지 이런 종류의 청동 기물은 발견된 예가 없다.

고대의 기록을 남기다

갑골과 상형문자는 고대의 실생활에서 사용되었으며 후대에 소중한 기록물로 전해지고 있다. 동물의 뼈에 점을 치는 그림에서 점차 나무, 대나무, 청동 용구, 무덤, 돌 등에 글자를 새기게 되었다. 특히 나무는 쉽게 구하여 다양한 형태로 제작할 수 있고, 그중 대나무는 균등하게 쪼개지는 특성이 있어 고대 사람의 종이가 되었다. 북방 지역은 목간(木簡; 나무)이 다량 출토되는 반면 남방 지역은 따뜻하여 죽간(竹簡; 대나무)이 많다. 이러한 목간과 죽간을 합쳐 간독(簡牘)이라고 한다.

1930년대 스웨덴의 고고학자 베르그만(貝格曼; Folke Bergman, 1902~1946)은 중국 학자들과 중국 서북지방인 쥐얀(居延)의 한대(漢代) 유적을 조사하였다. 에지나(額濟納)강 하류 우바오(塢堡) 부근에서 한나라의 간독 346매가 발견되

1 삭의(削衣) 2 검(檢) 3 갈(楬)

었고 이후 강을 따라 1만여 점의 간독이 추가로 출토되었다.

출토된 간독의 모양은 크게 세 가지 형태로 나뉜다. 〈삭의(削衣)〉는 위에서부터 아래쪽으로 깎아 내려간 목간(木簡)이며 〈검(檢)〉은 기밀 문서와 소지품을 전달할 때 사용하였다. 〈갈(楬)〉은 길이가 짧고 폭이 넓은 목간을 말한다. 어떤 것은 머리 윗부분이 반원형이며 중간에 구멍이 있고, 어떤 것은 머리 양 옆에 홈을 내어 끈으로 엮였다.

간독의 종류로는 〈습자간(習字簡)〉, 〈개제간(改製簡)〉, 〈고(觚)〉, 〈표척간(標尺簡)〉, 〈공백간(空白簡)〉, 〈연료간(燃料簡)〉이 있다.

〈습자간(習字簡)〉은 쥐얀에서 출토된 간독 중 가장 많으며 사용이 완료된 간독의 뒷면을 이용하여 단어나 문구를 반복하여 적는 연습장 같은 것

1 습자간(習字簡)   2 개제간(改製簡)   3 표척간(標尺簡)

이다. 거듭된 사용으로 점점 깎아내려 감에 따라 편이 엷어지는 삭의(削衣)
형태가 된다.

〈개제간(改製簡)〉은 문서로써 사용이 폐기된 것을 깎고 다듬어서 생활용품
이나 공구로 재활용한 것으로, 주로 숟가락으로 만들었으며 기능이 분명하
지 않은 것도 상당수이다. 또한 몇몇에는 문서 내용이 아직까지 남아 있다.

〈표척간(標尺簡)〉은 '상·하(上·下)' 두 글자를 균일 간격으로 표시하여 삼
등분한 일종의 자(尺)이다. 한나라 당시 1척이 약 23㎝이므로 표척간의 간
격은 거의 정확한 것이다. 현재 연구소에서 출토된 책을 엮을 때 참조하
는 기준이다.

〈고(觚)〉는 목간을 3면 또는 4면으로 깎아 제작한 것인데 최대 7면까
지 출토되었다. 보통 길이가 30㎝ 이상이며 책을 베끼거나 글씨를 연습할
때 사용한 것이다.

〈공백간(空白簡)〉은 쥐얀과 돈황봉수(敦煌烽燧)에서 상당수 출토되었다. 아
직 글자가 쓰이지 않은 목간으로 여유분과 재고가 있었음을 방증한다.

〈연료간(燃料簡)〉은 한대(漢代) 변방 지역에서 기존 자원을 잘 활용하여 현

1 고(觚) 2 공백간(空白簡)
3 연료간(燃料簡)

지에서 재료를 취했다는 사실을 보여준다. 연료간은 일상적으로 밥 지을 때 불쏘시개로 사용되거나 땔감으로 사용되었다. 타다 남은 목간에는 아직 문서의 내용이 풍부하다. 추측건대 많은 수의 목간이 불타 사라진 것으로 생각된다.

한대의 〈광지남부영원병물등월언급사시부(廣地南部永元兵物等月言扱四時簿)〉는 현전하는 가장 잘 보존된 목간(木簡)으로 평가된다. 영원(永元; 93~95년)시기 광띠(廣地) 남부 지역에서 작성된 장부이며 나무 조각과 매듭끈 및 먹의 상태는 거의 손상되지 않았다. 두 개의 빈 목간을 제외하고 지간(支簡)은 네 매듭으로 엮어졌으며 총 77개이다. 국경 지역의 박격포, 석궁, 화살 및 냄비 등 무기와 병역 물자의 수와 상태에 대한 5개월간의 보고서로 한대에 어떻게 간책(簡冊)을 만들었는지 이해할 수 있으며 어떤 종류의 장비를 사용하였고 어떤 방식으로 정기적으로 검사를 하였는지를 알 수 있다.

〈원강오년조서(元康五詔年書)〉는 서한(西漢) 선제(宣帝) 원강(元康) 5년(B.C 61년) 일령(月令)과 통령(通令)에 의하여 전국에 하지(夏至) 때 개화(改火) 등을 각 부서에 하달한 조서이다. 총 8개의

광지남부영원병물등월언급사시부(廣地南部永元兵物等月言扱四時簿)

목간이며 조서의 후면에는 각 부서로 전송한 이력이 기록되어 있다. 통행증에는 관리의 통행 목적과 우마차 사용에 대한 권한 등이 명시되어 있다.

목간 형태 외에 나무에 기록된 한대의 〈의탁봉검(衣槖封檢)〉은 시간이 지남에 따라 희미해져 적외선으로 글자를 판독하였다. 〈의탁봉검〉은 병사의 옷을 가방에 넣은 후 묶어 고정하는 태그 역할을 한 것으로 목간과 마찬가지로 한대의 국경 방어선을 추측하고 보급품 보급 과정을 이해할 수 있는 중요한 목재 기록물이다. 현재 가방은 전해

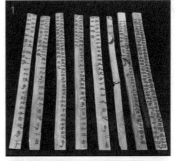

1 원강오년조서(元康五詔年書)
2 의탁봉검(衣槖封檢)

지지 않았지만 기록에 의하면 화이양(淮陽)의 국경 수비대 칭콴(靑泉)의 개인 소지품과 한나라에서 지급한 공식 의류가 포함되어 있다고 적혀있다.

세상의 모든 우표
우정 (郵政)
박물관

모여라! 세계 우표

우정 박물관은 뤼청한(劉承漢)이 1947년 설립을 제기하여 1965년 12월 1일 타이베이 우체국에 비로소 개관하였다. 현재 10층 건물의 우정박물관은 1984년 10월 10일 확장 개관한 것이다. 박물관의 로고는 진대(秦代)의 〈홍와당(鴻瓦當)〉기와를 바탕으로 하였으며 '우정박물관(郵政博物館)' 다섯 글자는 국부 쑨원(孫文)의 친필이다.

우정박물관은 매해 신년에 그해 띠 동물 특별전을 개최한다. 신년 기념우표는 1969년 닭의 해를 기념하여 수탉이 우는 모습을 도안하여 1968년 11월 12일 발행한 것이 최초이다. 하루의 계획이 아침에 있다는 뜻을 내포하고 있다. 원숭이해에는 덩치 큰 대만원숭이를 도안하여 발행하였고, 말의 해에는 고화(古畫)에 등장하는 준마들을 디자인하여 발행하였다. 2024년은 아시아권에서 신성시하는 상상의 동물 '용'의 해여서 용 문양의 우표와 용이 그려진 도자기와 의류 등을 함께 전시하였다. '용의 해'

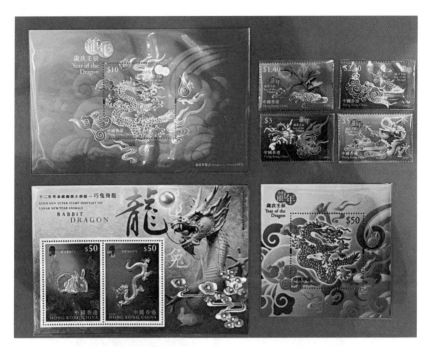

홍콩 용 우표

龍年郵票
發行:2012.1.5 澳門

마카오 용 우표

일본, 프랑스, 한국의 용(龍) 우표

를 기념하는 우표는 동아시아 지역에서 집중적으로 발행되었다. 홍콩에서는 붉은색과 금색을 바탕으로 화려한 용을 새겨 넣었고 마카오는 마름모 모양의 우표를 펴냈고 일본은 만화 형태의 우표를, 한국은 청룡이 그려진 〈운룡도(雲龍圖)〉와 〈연하우표〉를 발행하였으며 유럽 국가 중 프랑스에서는 금룡(金龍) 우표를 발행하였다.

  "우표 세계" 구역은 대만과 교류한 여러 나라의 다양한 우표와 대만의 우표 등 약 8만 장이 소장되어 전시하고 있는데, 특히 1840년 5월 6일 발행한 세계 최초의 우표 페니 블랙(Penny Black; 黑便士)을 직접 만나볼 수 있다. 영국의 교육자 로렌드 힐(Rowland Hill)이 발명한 최초의 우표 페니 블랙은 당시 빅토리아 여왕의 얼굴을 도안하여 검은색 바탕에 '1 penny'라고 명시한 것으로 적색 바탕도 있으며 2펜스의 청색 우표인 '펜스블루(Pence Blue)'도 함께 발행되었다.

Penny Black   2Pence   1Penny

그 외에도 1898년 세계 최초의 세계지도가 그려진 캐나다의 〈성탄우표〉, 1950년 호랑이해를 기념하여 발행한 세계 최초의 띠 우표인 일본의 〈신년우표〉, 1853년 희망봉이 새겨진 세계 최초의 남아프리카의 〈삼각형우표〉, 1965년 가봉에서 발행한 슈바이저가 도안된 〈금박우표〉 등이 전시되어 있다.

중국 최초의 우표는 1878년(광서[光緒] 4년)에 세관에서 시범 우편 서비스를 시작할 때 발행한 〈해관일차운룡우표(海關一次雲龍郵票)〉와 중국 최초의 기념우표 세트인 〈자희생신기념우표(慈禧壽辰紀念郵票)〉가 있다. 〈해관일차운룡

대룡표   대룡표 3종

우표〉는 인물이 아닌 중국인이 좋아하는 용을 도안했으며 두 개의 뿔과
다섯 개의 발톱을 가지고 구름 위로 솟아올라서 일반적으로 〈따롱피아오
(大龍票: 대룡표)〉라고 불린다. 최초의 우표에 용 문양을 도안한 것은 중국 문
화의 기초와 정치적 권위를 상징한다. 액면가는 은화로 각각 녹색 우표는
1분(分), 적색은 3분, 황금색은 5분이있다.

　〈자희생신기념우표(慈禧壽辰紀念郵票)〉는 중외(中外)무역 50주년이자 서태후
(慈禧太后) 탄생 60주년이 되는 해인 1894년(광서[光緖] 20년)에 해관총세무사(海
關總稅務司) 허더어(赫德)가 기념우표 발행을 제안하고 비라얼(R.A.de Villard; 費拉
爾)이 디자인하여 발행한 우표이다. 다양한 문양으로 작은 우표 6장과 큰
우표 3장을 발행하여 생일 축하와 길상을 기원하였다. 청일전쟁 관계로
1894년 11월 19일 발행한 우표가 현존하는 가장 오래된 9장의 세트 우
표이다.

　1912년 12월 15일에 발행한 〈중화민국광복기념우표(中華民國光復紀念郵
票)〉는 청 왕조 이후 중화민국 최초의 기념우표이다. 국부인 쑨원(孫中山)의
초상을 형상으로 좌우에 남방의 주식인 벼이삭을 배치한 12장의 우표이
다. 같은 날 동시에 발행한 〈중화민국공화기념우표(中華民國共和紀念郵票)〉는

중화민국광복기념우표(中華民國光復紀念郵票)　중화민국공화기념우표(中華民國共和紀念郵票)

초대 총통 위안스카이(袁世凱)를 초상으로 북방의 주식인 밀이삭을 좌우에 배치하였다.

대한민국 우표는 1947년 1월 〈이준(5원)〉, 〈이순신(10원)〉, 〈독립문(20원)〉, 〈거북선(50원)〉 등 4종의 우표가 제일 이른 시기의 우표이며 같은 해 2월에 발행한 〈만국우편물교환재개기념우표(10원)〉, 3월에 발행한 〈조선항공우표(50원)〉가 시기별로 전시되어 있다.

특히 1951년 한국전쟁에 참전한 21개국의 국기와 태극기를 함께 배치하여 도안한 우표를 전시하였다. 참전국에 대한 감사함을 표현하고 희생자들을 잊지 않는 의미가 담겨져 있다.

이외에도 1948년 이스라엘의 〈고대

거북선(1947)

한국전 참전 21개국

유대인화폐〉, 벨기에서 발행한 시트(Sheet)형태의 〈벨기에우표발행백주년 기념우표〉, 간디를 도안한 4종의 〈인도자치령성립주년기념〉, 1949년 덴마크의 〈헌법반포백주년〉, 1950년 아프카니스탄에서 발행한 〈독립32주년기념우표〉 등 각국의 초창기 우표가 전시되어 있다. 대만이 정치적 위상이 있던 시기에 교류한 국가의 우표는 대부분 전시되어 있으나 1992년 이후의 세계 우표는 거의 전시하지 못하였다.

태국 볍씨 우표

통가 불규칙 우표

오스트리아 이색우표

스위스 레코드 우표

또한, 이색 재질과 다양한 형태의 이채로운 세계 우표도 전시되어 있다. 1975년 통가에서는 여자 원반던지기와 복싱 개최를 기념하여 불규칙한 모양의 우표를 발행했으며, 2008년 오스트리아에서는 유럽 축구대회를 기념하여 축구공 모양의 둥근 우표와 수정이 삽입된 입체 우표(3D)를 발행하였다. 아울러 2015년도에는 가죽을 소재로한 가죽 우표도 발행되었다. 태국에서는 2011년도 국왕 탄신 기념우표로 농업을 장려하기 위해 실제 '볍씨'를 부착했고, 2015년에는 대표 과일인 '망고' 모양의 우표가 발행되었다. 가장 관람객의 눈길을 끄는 우표는 스위스에서 2014년 발행한 레코드 우표이다.

작은 공간 다양한 세상

"아동 우표 동산" 구역은 어린이들에게 우편의 기능과 우정의 과정을 쉽고 친절하게 설명해 주는 공간이다. 아이들이 이해하기 쉽도록 우표를 도안하고 인쇄하는 과정을 실제 도구 및 자동 우편 기계와 함께 전시하였다.

'우표는 무엇인가?'라는 질문에 '우체국에서 발행하여 우편물에 붙여 이미 요금이 지불 되어 운송을 증빙한다'고 답변하였다. 우표의 모서리 구멍·도안·가격·국명을 우표의 4가지 특색으로 설명하였다.

또한 '소인은 무엇인가?'라는 질문에는 부착된 우표에 지역, 날짜와 시간, 재사용할 수 없다는 표시라고 설명하였다. 아울러 소인의 종류는 지역 우체국의 명승을 소인으로 사용하는 풍경 소인, 특별한 날을 기념하여 별도 소인을 제작하는 기념 소인, 체육 행사 등 행사 기간에 임시로 사용

풍경우표 소인   기념우표 소인

하는 임시 소인이 찍힌 우표를 전시하였다. 대부분 국가가 기념우표를 발행하지만 다양한 소인이 사용되는 나라는 매우 드물다.

　대만에서 가장 오래된 우체국은 타이베이 베이먼(北門)의 4층짜리 건물로 국가사적 3급으로 지정되었다. 일본인이 설계하였지만 베이먼 우체국의 외관은 바로크 양식과 그리스 양식이 결합한 서양식 건물이다. 가장 높은 우체국은 2,274m에 위치한 3층 건물의 아리산(阿里山) 우체국이다. 1907년 중국 전통식 건축양식으로 설계한 아리산 우체국은 건물 외벽에 아리산 지역의 아름다운 풍경을 그렸다.

　핑둥(屛東)의 팡산(枋山)우체국은 최초의 3D 건물로 된 우체국이다. 외벽에는 이 지역을 지나가는 철새인 때까치와 특산품인 망고와 양파를 그렸다.

　타이뚱(臺東)의 뤼따오(綠島)섬에는 수중 11.5m 바닷속에 해마 우체통이 설치되어 있다. 대만 동부의 뤼따오는 물이 맑아 많은 다이빙 애호가가 찾는 섬으로 이들을 위해 세계에서 제일 깊은 수중 우체통을 설치하였다.

1 베이먼(北門) 우체국   2 핑똥(屏東)의 팡산(枋山)우체국

재해가 잦은 타이난(臺南) 우체국에는 핑안(平安)지역에서 액을 물리치는 지엔스(劍獅)라고 불리는 사자 우체통을 설치하였다.

대만 우표의 종류는 매우 다양하다. 보통 우표, 기념 우표, 항공 우표, 자선 우표, 특종 우표, 군사 우표, 흠자(欠資) 우표, 무면치(無面値) 우표, 자점(自黏) 우표, 연쇄 우표, 우자표(郵資票) 등이 있다.

자선 우표는 921 대지진과 같은 도움의 손길이 필요하여 발행하는 우표이다. 우표 판매 수익금은 전액 기금으로 사용되어진다. 특종 우표는 명승, 문화 예술, 동식물, 체육 등 우표 도안을 정밀하게 발행하여 그 내용을 홍보하는 것이다. 흠자 우표는 보내는 사람이 요금이 부족할 시 수취인에게 부족한 요금을 받는 것이다. 무면치 우표는 우편 요금 조정 시 조정폭에 따라 요금이 달라지는 우표이다. 자점 우표는 부착이 쉽게 뒷면이 스티커 형태인 우표이며, 우자표는 자동판매기에서 요금을 인쇄하는 우표이다.

"제일우표(第一郵票)" 구역은 1921년 최초의 항공 우표인 〈중화항공우표〉, 1950년 대만 정부 최초의 보통 우표 〈정청공(鄭成功)우표〉, 1960년 최초의

자선우표(921지진)　　　흠자(欠資)우표　　　항공 우표

덩리쥔   펑페이페이

운동경기우표 6종의 〈스포츠우표〉, 1968년 고궁박물원 소장의 서화를 넣은 최초의 〈연쇄(聯刷)우표〉 등이 소개되었다.

　"대만 국내 우표" 구역은 대만의 역사와 문화, 민속, 자연 등을 주제로 전시하였다. 『삼국지연의』와 『홍루몽』 등의 소설을 시리즈 형태로 발행한 연쇄 우표와 고궁박물원에서 소장한 도자기와 서화 등 유물을 도안한 우표가 상당수 전시되었다. 특히 대중 가수로는 덩리쥔(登麗君)과 펑페이페이(鳳飛飛) 단 2명의 우표만 발행되었다.

청대 우편마차 바퀴

안휘 목조 튜브

사천성 승교

광서성 죽람

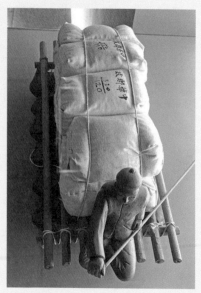

청대 우편 마차

우정이 걸어온 길

"우정 역사" 구역은 우정이 걸어온 길이 주제이다. 초창기 소가 끌던 우편 수레의 커다란 나무 바퀴와 죽간 서신 등을 전시하였다. 사명감을 가지고 페달을 밟았던 낡은 자전거와 빛바랜 녹색의 오토바이는 중국과 대만 진먼다오(金門島)의 포격전에서도 멈추지 않고 군사우편과 소포를 운송하였다.

대만 최초의 육로우편을 운송한 녹색 우편 트럭과 초창기 해상우편 운송에 이용한 〈홍비호(鴻飛號)〉의 모형이 전시되어 있다. 사람이 사는 곳이면 어디고 가야 하는 우편의 속성상 다양한 운송 수단이 이용되었다. 우편물을 싣고 거센 황하(黃河)강을 건너던 양피 뗏목, 추운 동삼성(東三省) 지역의 빙차(氷車), 청대의 북경지역을 운송한 전용 마차, 아찔한 안휘(安徽)의 튜브형 목분(木盆) 등이 모형으로 소개되어 있다. 또한 장자코(張家口, Kalgan)와 쿠룬(庫倫; Urga) 간을 운송하는 낙타, 광서(廣西) 지역에서 어깨에 메고 나르는 죽람(竹籃), 협서(陝西)의 노새가 끄는 라교(騾轎), 사천(四川)의 밧줄 다리 승교(繩橋)는 특수한 운송 수단이었다.

"중화 우체국 연대기" 구역은 청나라부터 현대에 이르기까지의 역사물이 전시되었다. 1861년(함풍[淸代 咸豊] 11년) 로버트 하트(Robert Hart; 赫德)의 건의에 의하여 근대식 우정 제도가 시작되었다. 청나라 시기 1906년 12월 26일(광서[光緖] 32년 11월 11일) 최초의 우체통이 설치되었다. 이 우체통은 철제 재질로 높이 18인치, 직경 12인치이며 아랫부분은 목재로 구성되었다. 윗부분은 사발을 뒤집은 듯 배치하였고 대청우정(大淸郵政)이라고 썼으며 여의주를 문 두 마리의 용을 새겨 넣었다. 이밖에 세계 여러 나라의

청나라 우체통

우체통이 다양한 색상과 모양으로 전시되어 있다. 일부 국가는 모양과 색이 다른 우체통이 10가지 이상 설치된다고 한다.

　우편과 연관된 특이한 유물이 있어 주목된다. 바로 청나라 우정국 소속 직원임을 증명하는 〈요패(腰牌)〉이다. 크기는 9.0㎝×18.4㎝이며 정면에는 우전부(郵傳部)와 광서 34년 제조(光緒三十四年製造)라고 적혀있다. 이 요패에는 직원의 나이는 물론이고 생김새와 직원 번호 등이 명시되어 있다. 전시된 요패는 나이는 36세, 구레나룻이 없는 황색의 안색을 띤 12호 직원이라고 구체적으로 적혀있다.

이것은 우편 업무 담당자가 공무 담임자임을 명시하여 우편물 취급에 대한 공공성을 강조한 것이다. 아울러 우편 취급 직원에게 사명감을 부여하는 동시에 책임감을 강조한 것으로 해석된다. 그만큼 초창기 우편 업무의 중요성은 국가 차원에서 보호되고 발전시켜 나갔다.

청나라 우체부 요패

고인과의 대화
13항 (十三行)
박물관

개발과 보존의 숙제

빠리(八里)의 13항(行) 지역은 1957년 지질학자 린자오치(林朝棨)의 조사에 의해 최초로 스산항(十三行)유적지로 명명되었다. 이후 고고학자 스장루(石璋如), 장젠화(藏振華), 뤼이창(劉益昌) 등이 발굴조사를 통해 철기시대의 철제도구, 제철로, 부장품 등을 다수 출토하였다. 대만 인근 민족과의 교역품도 발굴되어 고대의 무역 관계를 살펴볼 수 있다. 특히 대만에서 유일하게 인면(人面) 토기가 출토되었다.

1981년 13항 지역에 폐수처리장 설치 공사에 따라 대만 문화위원회는 박물관 건립을 추진하고 유보 면적에 하수처리장을 건설하도록 협의하였다. 13항 지역은 대부분 대만 고대 유적지처럼 타이베이 북서쪽 바닷가인 단수이(淡水) 인근 지역에 있다.

1992년 국가 2급 유적지로 보존되고 지방정부 신베이시(新北市)의 예산 지원으로 2003년 4월 24일 정식으로 개관하였다. 박물관 건축은 쑨더홍

입체 고고탐비

(孫德鴻)이 건축설계를 하였다. 그는 대만 역사 초기에 조상들이 배를 타고 이주한 사실에 근거하여 박물관을 설계하였다. 박물관 주변은 고고학 테마파크로 조성되어 가옥, 오두막, 헛간 등을 전시하고 고고학과 사냥 체험 구역 등으로 구성하였다.

"고고탐비(考古探秘)" 구역은 가상현실관에서 VR을 통해 고고학자들이 바닷속에서 작업하는 현장을 가상으로 체험해 보는 것으로 수중에서 사용하는 특수한 해양 고고학 장비들을 전시하고 있다. 소위 해양 고고학은 수면 아래 잠든 고고학이라고 표현하는데 조사 방식과 경위가 육지 고고학과 유사하나 발굴 방식과 출토 기계 및 기구가 육지보다 크고 무거운 차이가 있다.

이 구역에서는 세계에서 가장 크고 오래된 17세기 스웨덴의 '바사(Basa)함선'의 발굴 사진을 전시하여 해양 고고학 역사를 정리하고 있으며

고고체험과 도구

타이타닉호(Titanic;鐵達尼)의 발견과 인양 과정을 통해 수중 고고학의 기본적
인 모형이 되었다고 설명하고 있다.

"고고체험(考古體驗)" 구역은 육지 고고학 도구들을 전시하고 발굴하는 과
정을 설명하고 있다. 벽면에는 측량공구, 발굴도구, 기록도구를 분류하여
전시하였으며, 중앙에는 모래함에 자기 파편을 묻어 두고 실제 발굴하듯
캐낸 뒤 붓을 이용해 모래를 털어낼 수 있도록 하였다. 고고학자가 되어
문화유적 발굴 현장에서 고고 유물을 발굴해 보는 공간인 것이다. 또한 실
제 발굴 현장에서 가장 많이 출토되는 자기 파편을 복제하여 완성된 도자
기로 맞추어 볼 수 있게 하였다.

"시공정탐(時空偵探)" 구역은 고고학 유적지에서 흔히 볼 수 있는 돌, 나
무, 뼈, 뿔, 조개껍데기, 도자기, 금속 등의 다양한 종류와 표본을 소개하

고 있다. 발굴된 다양한 석질, 목질, 금속 재질의 분석과 유물 보존 방법을 보여주고 있다. 또한 탄소연대측정법에 의한 도자기, 꽃가루, 지질분석과 인체 뼈 연구 등 다양한 과학적 분석을 소개하고 있다. 분석자료는 시간과 공간을 초월하여 사람과 유물의 성격을 파악하는 기초가 된다. 즉 고인과 대화를 할 수 있는 토대를 마련하는 것이다.

기초분석 시공정탐

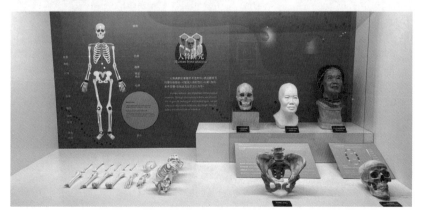

사람뼈 연구

"빠리시광기(八里時光機)" 구역은 과거와 현재의 시간을 통한 빠리 지역의 여행이다. 빠리 지역은 동쪽은 관인산(觀音山), 서쪽은 대만해협, 북쪽은 단수이 강(淡水河)으로 둘러싸여 있다. 빠리 지역은 시간의 흐름에 따라 다양한 사람들이 이주하여 삶의 흔적들을 남겼다. 15~20세기 개항 전후의 빠리 지역의 주거 형태와 삶의 모습을 복원하여 전시하였다. 1803년(淸 嘉慶 8年) 〈급영전간비(給永佃墾批)〉는 한족 정두청(鄭都城)과 단수이 강 입구 핑푸족(平埔族)인 아푸(阿福)와 아루(阿祿)간의 장기 토지 개간 계약서이나. 상방형의

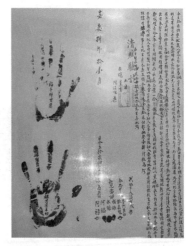

토지계약문서 급영전간비(給永佃墾批)

개항전 빠리의 가옥과 생활형태

종이 재질에 손바닥으로 인장을 찍었다. 계약서에는 토지의 위치 및 토지 가격 등이 명시되어 지방 사회사 및 경제사 연구에 중요한 자료이다.

입체 도기의 출현과 고대의 무역

"스산항생활(十三行生活)" 구역은 빠리 지역에서 발굴된 유물을 분류하여 전시하고 분석한 내용이 설명되어 있다. 스산항 유적지에서 출토된 석기의 종류는 다양하지 않다. 주로 요석(凹石), 지석(砥石; 숫돌), 석편기(石片器) 등이 출토되었고 대부분 주요한 도구가 철제로 변화하여 석기의 사용은 점차 줄어들었다. 제일 많이 출토된 요석은 돌의 가장자리를 둥글게 연마하여 손에 쥐고 물건을 타격하거나 곡식을 갈 때 사용하였으며 일부 오래 사용한 요석은 움푹 파인 모양으로 출토되었다.

지석은 철기가 발달함으로써 철제도구를 연마하기 위하여 사용하였는데 장기간 사용한 지석은 표면이 미끄럽고 빛이 난다. 휴대용 지석이 함께 출토되었는데 원거리 사냥 시에 창이나 화살촉을 연마한 것이다. 석방륜(石紡輪)과 도방륜(陶紡輪)은 실을 짜는 도구로써 이를 통해 옷을 만드는 직조 기술이 발전하였음을 알 수 있다. 이 도구는 현재에도 대만 원주민

곡식을 가는 요석과 숫돌 지석

옷을 만드는 석방륜과 도방륜

낙타가 도안된 동패(銅牌)

청동칼자루

부락에서 옷을 지을 때 사용하고 있다.

청동기는 용기, 공구, 화폐, 장신구 등 238건이 출토되었다. 사람 모양의 청동 칼자루(青銅刀柄)는 11건이 출토되었는데 대만 동부의 이란(宜蘭)과 타이동(臺東)에서 출토된 것과 유사하다. 중요고물로 지정되었으나 어디서 수입된 것인지 명확하지 않다.

또 다른 중요고물로는 동패(銅牌)가 1점 출토되었다. 정면에는 낙타를 탄 사람이 도안되어 있는데, 대만에는 낙타가 없으므로 서아시아와 교류하였음을 짐작할 수 있다.

이외에 중요고물로 지정된 청동화살촉(青銅箭頭), 청동송곳(錐狀銅棒), 청동족집게(青銅鑷子), 청동방울(青銅鈴鐺) 등이 전시되었다.

출토된 청동 제품의 특이한 점은 대만에서는 구리 광석이 발견되지 않고 있다는 것이다. 그러므로 청동 제품은 중국의 동남 연안과 동

단수이에서 바라 본 관인산과 철을 품은 해안

남아시아 남동부 해안에서 수입되었을 것으로 추측된다. 또한 대만의 청동 제조 기술에 대한 명확한 증거가 없다. 발견된 청동 제품의 문양은 동남아 풍격이며 화학성분 역시 주변 지역과 일치하는 경향이 많다.

빠리 지역에서 출토된 철제도구 역시 그 수량이 많지는 않은데, 이 지역이 해안가에 위치해 연중 습하여 철기가 쉽게 녹슬고 부식되기 때문이다. 그럼에도 일부 철제도구에서 센 불로 녹여서 다시 활용한 흔적이 있음을 발견할 수 있는데, 이는 빠리 지역의 풍부한 해안 모래사장에서 답을 찾을 수 있다. 빠리 해변의 모래가 철의 함량이 높아 모래를 파서 도세(淘洗)과정 이후 자철광(磁鐵礦)의 방식으로 원재료를 얻어낼 수 있었던 것이다.

2018년엔 발굴된 제련화로(鍊鐵爐體)를 복원하여 괴연법(塊煉法)으로 철이 생산되는 과정을 실험하였다. 괴연법은 같은 시기에 동남아 지역에서 철의 생산에 활용한 방법이다. 절구통 무양의 화로 밑바닥은 장작을 때기

철 생산을 고증한 화로

위해 넓으며 윗부분은 열을 잘 흡수하도록 좁게 제작되었다. 풍로에 바람을 넣어 온도를 계속하여 높이자 모래 속에 함유된 철 성분은 녹기 시작하여 흘러내렸다. 이 실험의 성공으로 대만의 철제도구 생산 능력이 입증되었다.

13항 유적지에서 출토된 다양한 도기(陶器)는 정교하고 정밀한 공예 기술을 보여준다. 127건의 도기와 80만여 편의 도편(陶片)에는 다양한 기하학 문양이 새겨져 있다. 홍갈색 도기와 도편의 재료는 인근의 관인산(觀音山)에서 취득한 것이다. 대부분 도기의 바닥은 평평하며 배는 둥글고 입은 넓게 제작되었다. 표면은 박인(拍印)과 압인(壓印) 등의 기법으로 음각하여 무늬 장식(紋飾)하였다. 음각의 문식은 잡았을 때 미끄러지는 것을 방지할 수 있다. 도기 표면은 바다와 인접하여 친근한 문양인 물결 무늬를 주로 새겼는데 집단의 미학을 반영하고 정체성을 상징하는 것이다.

13항 유적지에서 출토된 〈인면도관(人面陶罐)〉은 대만에서 유일하여 2009년에 중요고물로 지정되었다. 담홍색의 토기는 얼굴을 중심으로 머리 윗부분과 목으로 대칭되어 있다. 눈썹과 귀와 코는 양각이어서 입체감이 뚜렷하다. 인면도관의 문양은 원형의 도구를 사용하여 연달아 눌러 찍어 새겼다. 목은 좁으며 머리 뒤에는 손잡이가 있어 주전자임을 알 수 있

인면도관 정면   인면도관 측면

다. 일상적인 사용보다는 특수한 목적으로 사용되어 부장품으로 출토된 듯하다. 또한 한 점만이 출토된 것으로 보아 인근 동남아 지역과의 무역을 통하여 수입된 것으로 추측된다. 인근 필리핀의 크고 작은 섬에서 인면 문양의 도자기와 칼자루 등이 많이 발견되고 있다. 인면 토기는 1992년 처음 복원 이후 사용한 접착제와 석고 충전재가 분해되어 2017년 프랑스의 스테파니 니솔(Stephanie Nisol)에 의해 재복원되었다.

이외에 〈치구축경원복요저관(侈口縮頸圓服凹底罐)〉은 배가 부풀고 바닥이 오목한 형태로 표면에는 기하학 문양이 새겨져 있다. 주둥이와 배의 윗부분에는 연속적인 리본 모양이 장식되어 매우 화려하다.

유적지에서는 사람 모양(人形)의 도우(陶偶)와 각종 동물의 문양이 새겨진 토우(土偶)가 다량으로 출토되었다. 이 중 길이 7.4㎝, 너비 5.9㎝, 두께 2.4㎝, 무게 40g의 사람 토우는 가느다란 허리와 뛰어나온 가슴으로 보아

배불뚝이 치구축경원복요저관(侈口縮頸圓服凹底罐)

북부해안 원주민 여자 토우(土偶)

여성임을 알 수 있다. 왼쪽 귀와 팔, 허리 아래는 소실되어 알 수 없으나 오른쪽 귀에 구멍이 있어 귀를 뚫는 습관이 있었던 것으로 추측된다. 또한 머리는 천으로 휘감았는데 단수이 북부 지역 원주민 여성들의 풍습과 일치한다.

13항 유적지는 산과 바다로 둘러싸여 풍부한 천연자원이 제공되어 다양한 동물의 골각기(骨角器)가 출토되었다. 출토된 동물의 뼈 중에는 어린 돼지의 뼈가 과반수 이상이였는데 이것을 보면 돼지를 사육한 것으로 추측되며 상어와 돌고래의 뼈도 출토된 것으로 보아 먼바다에 나가 어로 활동을 한 것으로 추정된다. 이러한 골각기들은 사슴뿔에 사람 얼굴을 새긴

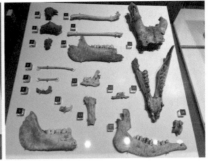

골각기   동물의 뼈

장식용과 옷을 짜는 도구로 사용하였다. 아울러 소량의 식물 종자와 탄화미가 발견되어 정착 생활과 농사가 일반화되었음을 짐작해 볼 수 있다.

　유리 유물로는 팔찌, 귀걸이, 목걸이, 구슬 등이다. 형태 및 제조기술로 보아 동남아 지역과 무역에 의하여 수입된 것으로 추정하고 있다. 중요고물로 지정된 유리환(琉璃環), 유리결(琉璃玦), 유리주천(琉璃珠串)은 단순한 형태이면서 유리 재질의 특성이 잘 나타나있다.

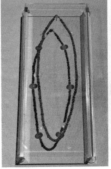

유리환 I 유리주천 I 유리결

묘장품은 죽은 자의 이야기

13항 유적지 287기의 묘(墓葬)에서는 도기, 토우, 조개껍데기 등 다양한 부장품이 출토되었다. 약 과반수의 묘에서 부장품이 출토되었으며 품질과 수량과 종류에 차이가 있다. 이런 현상은 사회계층이 형성되고 계급이 분화되어 재부(財富)와 사회적 지위의 차이가 있음을 상징하는 것이다. 대부분 묘는 거주지 외곽의 범위에서 발견되었다. 매장 방식을 보면 머리는 서남 방향이며 얼굴은 서북 방향의 바다를 바라보고 있다. 관재(棺材)는 발견되지 않아 집 주변에 땅을 파고 시신을 바로 매장한 것으로 보인다. 매장된 사람의 다리는 대부분 구부러지고 몸통과 합쳐져 매장공간을 최소화하였다. 이는 친인(親人)이 땅을 파는 시간과 수고를 덜고 매장 면적을 최소화하여 주거지 환경을 보호하기 위한 것이다.

쌍인(雙人) 묘기(35호, 36호)

전시실에는 두 개의 묘기를 복원하여 전시하였다. 어떤 사연인지 알 수 없지만 35호와 36호로 명명된 묘기는 두 사람이 함께 묻힌 쌍인(雙人) 묘이다. 우측에는 성인 여성이 좌측에는 5세 정도의 아동으로 추정된다. 매장자의 연령과 성별은 치아 상태와 골격의 발달 및 골반 등으로 추정할 수 있다. 성년 여성의 왼손은 아이를 안고 있어 친연(親緣)관계로 추정된다. 두 사람의 머리 위에 놓인 토기에서는 다량의 수장품(隨葬品)이 출토되었다. 고인이 살아 생전에 사용하던 도구들을 함께 매장한 것은 13항 사람들의 생사관을 반영한 정신세계의 일부라고 할 수 있다.

16호 묘는 한 명의 성년 여성이다. 역시 다리가 구부러져 묻혔으며 머리 위에는 조가비, 물고기 뼈, 물결 문양의 도관(陶罐)이 놓여 있다. 어깨 후방에는 짐승의 뼈가 놓여 있으며 몸통에는 산발적으로 흰색의 조개껍데기가 뿌려져 있다. 이는 13항 사람들의 매장 풍속에 망자에게 꽃을 던지는 일종의 산화(散花)의식이 행해졌던 것으로 생각된다. 고고학 유적지는 시간의 흐름에 의하여 형

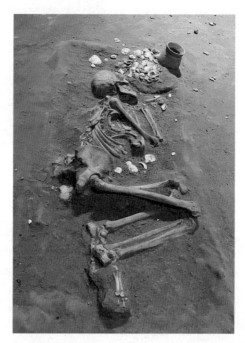
여성 단인 묘기(16호)

성된 인간 활동에 대한 이야기를 지하에 봉인한 것이다. 대만에서 13항 유적지는 개발과 보존의 공존이 쉽지 않지만, 조화로운 방법을 선택할 수 있음을 보여주는 계기가 되었다.

조상신 백보뱀(百步蛇)의
영광

순익(順益)
원주민
박물관

The glory of the ancestral god poisonous snake,
Shung Ye Museum of Formosan Aborigines

뱀과 사람 머리

대만에는 신익지대에 11개 원주민과 해안지대에 5개 원주민이 분포하여 거주하였다. 17세기 한족이 대만으로 이주하기 이전에도 대만 원주민의 조상은 4,000년 이상 대만에서 살았다. 원주민은 주어진 환경에서 농업, 유목, 수렵, 어업을 기반으로 각각의 독특한 원주민문화를 성립하였다.

순익 원주민 박물관은 차별에 맞서 싸운 원주민을 주제로 설립된 최초의 개인박물관이다. 설립자 린칭푸(林淸富)가 기증한 유물을 중심으로 원주민이 직접 제작한 의류·생활용품·공예품·의례 및 사냥도구 등을 전시하고 있다. 박물관은 1994년 6월 8에 정식 개관하였다. 대만 원주민문화와 유물을 주로 소개하는 전시와 연구를 하는 일종의 민족학 박물관이다. 문자가 없던 시기 원주민의 역사를 존중하고 대만의 다원적 문화 형태를 보여주고 있다.

파이완족의 조각 작품, 영예(榮譽)

박물관 입구는 파이완(排灣)족 처구료(撤古流)와 파와와롱(巴瓦瓦隆)이 조각한 작품 〈영예(榮譽)〉가 있다. 대만 원주민들은 깃털을 장식으로 사용하는 습관이 있다. 깃털은 지고한 영광과 존귀함을 상징한다. 그래서 깃털을 주제로 원주민 박물관의 영예를 표현하고 있다.

높이 250㎝의 석판은 파이완(排灣)족의 정신적 산물로 표현된다. 파이완족은 지도자(頭目: 土地領主), 귀족, 평민으로 구분된다. 지도자의 안 마당은 마을 사람들이 모이는 징소로 지도

파이완족 석판

깃털 모자

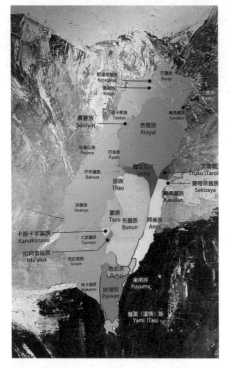

원주민 분포도

자의 가문을 상징하는 문양이나 초상화 등을 새긴 석판을 세웠다. 석판은 하늘과 땅 사이의 사다리를 상징하며 이를 통해 하늘의 축복이 백성들에게 미친다고 여긴다. 전시된 석판은 사냥을 나가기 전에 여무사(女巫師)가 행하는 점술 의식을 바탕으로 조상신의 가호와 사냥의 성공을 기원하는 의미를 담고 있다. 또한 방문객 모두가 조상신의 축복을 빈다는 의미도 있다.

입구 문틀은 윗면과 좌우에 목조 조각품이 전시되어 있다. 윗면의 조각은 각기 다른 다섯 사람의 머리와 백보뱀(百步蛇; 백보사)으로 둘러 싸여져 있는데 뱀의 아래에는 사람 머리 6개가 다시 기하학적으로 새겨져 있

다. 보통 지도자의 집 앞 처마 밑에 수평으로 걸어 두는 경우가 많다. 사람 머리 문양은 조상신의 보호와 사냥 능력이 있는 부족을 상징한다.

대만 원주민이 제작한 공예품과 건축물에서 뱀은 자주 등장한다. 특히

파이완족 문틀 조각

파이완족의 탄생 설화에 의하면, 태양신은 백보뱀에게 항아리에 알 두 개를 주어 지키게 하였다. 각각의 알에서 태어난 남녀가 결혼한 후 낳은 후손이 파이완족의 조상이라고 한다. 백보뱀의 명칭은 물리면 백보를 가기 전에 사망한다고 하여 지어진 이름이다. 머리는 삼각형이고 몸은 황갈색 바탕에 검은색 삼각형 무늬가 있어 낙엽과 구별이 쉽지 않다. 이런 특징으로 낙엽 속에 숨어서 먹이를 기다린다고 한다. 원주민의 사냥방식과 유사한 형태이다.

문틀 조각(좌)　　문틀 조각(우)
남자 조상　　　　여자 조상

입구 문틀 왼쪽에는 두 마리 뱀이 하늘을 오르고 동물의 이빨 장식이 달린 모자를 쓰고 항아리를 들고 있는 남자가 조각되었다. 남자의 성기를 노출하여 강한 조상과 권력을 표현하였다.

오른쪽은 태양신과 항아리 위에 서 있는 여인을 조각하였다. 머리 위 태양은 여러 동심원으로 나타내었고, 여인의 얼굴은 정사각형이며 독수리 깃털과 꽃으로 장식한 왕관을 쓰고 있는 귀족이다. 배에는 사람이 있고 머리 위에 배보뱀을 새겨 넣어 남아(男兒) 선호 사상을 보여주고 있다. 또한 자궁 부위를 크게 묘사하고 사람 머리를 연이어 조각하여 다산(多産)을 기원하는 여자 조상을 표현하였다. 이처럼 문틀 조각은 원주민의 애니미즘(Animism)과 조령(祖靈)숭배를 함축하여 보여주고 있다.

중국 남서부, 필리핀, 말레이시아 일부에서 행해졌던 엽두습속(獵頭習俗)은 근대 시기까지 행해졌던 것으로 보인다. 1900년대 일본통치(이하 '일치(日治)'라고 한다) 시대 촬영된 사진에는 남자의 머리가 잘

일본인이 촬영한 머리 사냥   바깥벽의 두골 장식

려 대나무 위에 놓인 모습이 담겨져 있다. 머리를 사냥하는 습속은 성년식
과 관련되어 있거나, 분쟁이 발생하였을 시 결백을 주장하는 행위로 본다.

 대만에서 머리 사냥은 대개 고산족의 풍습으로 부족에게 닥친 위험한
상황을 극복하기 위하여 행해졌다. 예를 들어 전염병이 발생하여 부족 전
체가 사라질 위기에 처할 경우, 다른 부족의 강한 남성을 사냥하여 조상
신으로 삼고 제사를 지냈다. 이들은 사람의 머리를 가지고 있으면 인간의
몸을 보호하고 악령을 쫓을 수 있다고 믿었다. 유물에 자주 등장하는 머
리 문양을 보면 알 수 있는데 강한 선조들에게서 나오는 강한 힘을 얻고
자 한 것으로 남성의 문신에도 자주 표현하였다. 또한 일부 부족은 적의
머리를 베어 수집하여 자신들의 용맹과 고위층의 강한 권력을 과시하는
풍습과도 관련이 있다.

어떻게 살았을까?

"생활과 기구(器具)" 구역은 다양한 원주민들이 제작한 공예품과 각 부족의 가옥(住屋)을 복원하여 원주민의 일상생활 및 공동체 사이의 연관 관계를 전시하고 있다. 원주민이 자연에 적응하고 다양한 생활양식의 변화에 따른 생활 도구의 발전을 보여주고 있다. 타우족(達悟; Tao 또는 雅美; Yamei)의 종주(宗柱)와 전통 가옥, 아미족의 난로(火塘), 파이완족의 도자기와 제사용 칼(어렵: 漁獵 및 농기구), 타이야족

타우족의 종주(宗柱)

(泰雅族)의 악기 코우황친(口簧琴; Mouth Harp) 등을 전시하고 있다.

타우족이 거주하는 대만 동남방 태평양상의 란위(蘭嶼)섬은 여름에 다수의 태풍이 영향을 미친다. 타우족은 가옥이 통째로 날아가는 것을 방지하기 위하여 땅을 파 반지하에 가옥을 만들고 사방에 돌담을 쌓는 혈거식(穴居式)으로 지었다. 집안에는 종주를 세우고 임시 분만실을 두기도 하였다. 종주는 크기가 큰 것과 작은 것 두 개를 나란히 세웠다. 큰 종주는 집안의 영혼을 상징하며 오래되고 낡아도 태우지 않고 자연적으로 내버려 두었

타우족 가옥 모형

다. 지상에는 부대 시설로 헛간과 사육시설, 습기를 피하는 원두막 등을 두었다. 원두막은 여름에 더위를 피하는 최상의 장소이며 부족끼리 음식을 나누어 먹고 담소를 즐겼다. 가옥의 경사도는 10도에서 26도까지 일정하지 않았으며 돌, 목재, 대나무, 덩굴 등을 건축자재로 이용하였다.

타우족은 주로 바다에 나가 어로 활동을 하여 식량을 해결하였다. 섬 주변에 크고 강한 앞지느러미로 물 위를 날아다니는 페이위(飛魚: 날치)는 유용한 음식이었다. 아침과 점심에 두세 마리를 먹고 남은 여분은 눈, 알, 내장을 제거하여 지상의 나뭇가지 위에 널어 말렸다. 맑은 날은 소금을 뿌려 말리고 비가 오는 날은 대나무 함에 넣어 건조하였다.

타우족은 어로 활동을 위하여 소형 어선인 핀반배(拼板舟)를 제작하였다. 보통 너비 125㎝, 길이 300㎝, 높이 84㎝ 규모의 다인(單人)배이다. 이

1인용 소형 어선 핀반배(拼板舟)

소형 어선은 노로 움직이며 야자나무로 만든 돛을 만들어 사용한다. 배는 여러 종류의 목재로 조립하고 이음새는 나무못으로 고정하였다. 나무판의 틈새는 나무뿌리에서 나온 진액으로 채워 바닷물의 침투를 막았다. 어선은 흰색, 빨강, 검정의 세 가지 색을 주로 칠하는데 천연 과즙, 조개껍질, 붉은 흙, 검은 재 등을 사용하였다. 보통 배 한 척을 조립하려면 9개의 나무판 조각이 필요하며 최소 3년 이상이 소요된다. 완성 후에는 주민들과 성대한 기념식을 거행하였다.

대만 원주민은 대부분 남자만 모이는 집회소가 있었다. 각 부족 집회소의 기능과 용도는 약간의 차이가 있지만 남자들만의 공간임은 분명하여 신성시되었다. 조우족(鄒族)의 남자 집회소는 쿠바(庫巴)라고 불린다. 1년

조우족(鄒族) 남자 집회소 쿠바(庫巴)

에 한 번 정신적 상징인 장로(長老)를 중심으로 전쟁제의(戰爭祭儀)를 거행한
다. 또한 12~13세 사이의 남자아이들을 야숙(夜宿)시키며 역사와 문화 및
전통 기예와 사냥 기술을 가르친다. 평상시에 집회소 안에는 활과 방패
등을 보관하고 전쟁 훈련을 연습하는 장소이므로 여자들의 출입은 허락
되지 않았다.

　파이완족에게 중요한 세 가지 보물은 항아리·유리구슬·청동검이다.
항아리는 그들이 살았던 곳의 조상신을 의미하고 청동검은 남자의 역량
과 권위를 상징하며 유리구슬은 여자의 순결과 아름다움을 나타낸다.

　파이완족은 항아리를 레레탄(Reretan)이라 부르고 세 가지로 구분하여
제작하였다. 공후(公壺)는 수컷 항아리로 뱀과 태양과 인간을 새겼으며 일

공후(公壺) – 수컷 항아리　　　　　무후(母壺) – 암컷 항아리

반적으로 꽈리를 튼 백보뱀을 양각한 형태이다. 무후(母壺)는 암컷 항아리로서 여성의 유두(乳頭)와 같은 모양으로 도드라지게 돌출시키고 귀를 양쪽에 만들었다. 음양(陰陽) 항아리는 암수 두 특징을 결합하여 만들었다.

점괘 항아리

　　　　　항아리의 윗부분은 대개 파손되어 있는데, 이것은 시집가는 딸과 부모가 각각 파편을 나누어 갖고 있다가 딸이 집에 돌아올 때 함께 맞추어 보며 기쁨을 나누는 징표로 사용되었기 때문이다.

　　　　　점괘 항아리(占卜壺)는 마름모 형태의 뱀 두 마리가 꽈리를 틀고 하늘을 오르는 문양으로 백보뱀이 마치 용이 되어 승천하는 형상이다. 기하학적인 문양이 연속적으로 그려졌으며 점괘를 이끌어내는(굴려서 멈추는 모양. 형태에 따라 점괘를 달리 해석) 서로 다른 오목한 문양이 압인(壓印)되어져 있다. 점괘 항아리는 원뿔형으로 세우지 못하며 무녀가 휴대하고 이동하며 점괘를 보는데 사용한 것이다. 현존하는 원주민들의 토기는 모두 선조로부터 전해진 것인데 전쟁이나 계승 과정에서 파손되어 시간이 지날수록 희귀한 유산이 되고 있다.

야메이족 토기와 토우

원주민들은 가마를 사용하지 않고 야외에서 장작이나 짚을 이용하여 항아리를 만들었다. 원주민마다 서로 다른 형태의 제작 기법을 사용하였고 제작 과정에서 문화적 차이가 있었다. 예를 들어 아메이(阿美)족은 여성만이 도자기를 만들었으며 그 과정에서 장난치며 놀거나 방귀를 뀌는 행동은 금지되었다. 반면에 타우족은 남성만이 도자기와 토우를 만들었다.

야메이(雅美)족의 주택에서 가장 중요한 시설은 집안에 두는 화덕이다. 북쪽의 화덕은 난방용으로 온종일 불씨가 남아있고 남쪽의

아메이족 시루

야메이족 화덕

화덕은 음식을 조리하는 데 사용하였다. 가족 중 이사를 하거나 분가하면 잘 살라는 의미로 부엌 돌 세 개를 묶어서 주는 전통이 있다. 주택 안에는 일상생활 도구로써 흙으로 만든 시루, 대나무 소금통과 바구니, 물고기를 잡는 덫, 절구와 부엌 가구 등이 전시되어 있다.

화려한 멋 내기

"의식(衣飾)과 문화" 구역은 원주민의 다양한 복식 제작 과정과 천연 재료를 이용한 방직 도구와 다양한 용도의 의류 등을 전시하고 있다. 원주민 복식과 장식의 재료는 다양하여 원주민마다 독특하고 개성 있는 의상 형태와 색채를 볼 수 있다. 또한 원주민들은 다양한 장신구를 가지고 아

가슴 장식

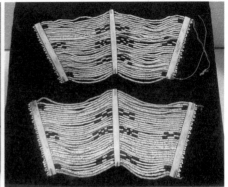

정강이 장식

름다움과 품위를 표현하였다. 타우족 남성 이외에 원주민들은 남녀가 귀를 뚫는 습속(習俗)이 있으며 조개와 동물의 뼈, 유리구슬 등으로 장식하였다. 남성은 주로 일자형 귀걸이를 착용하였다. 또한 가슴에 장식하는 흉식(胸飾)과 정강이를 가리개로 꾸미기도 하였다.

원주민은 얼굴과 몸에 문신을 하는 습속이 있다. 문신은 미관(美觀) 이외에 성년과 종족의 공로를 표시하는 의미가 있다. 동남부의 파이완족, 루카이(魯凱族), 베이난족(卑南族) 속에서 문신은 일종의 계급을 표시하는 수단으로 사용되었다. 문신은 감염과 염증을 예방하기 위하여 겨울에 행해졌다. 각부족은 문신을 전문으로 하는 전문인이 있었다. 간단한 의례를 행

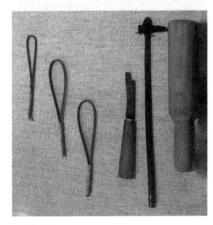

문신 도구

한 후 작은 칼, 침, 나무 방망이를 사용하여 문양을 새겼다. 먹과 기름이나 식물의 즙으로 채색하였다.

남성은 주로 이마와 턱에 새겼으며 여성은 얼굴 볼에 기하학적인 문양을 새겼으며 두세 차례 반복하였다. 남성과 여성이 문신을 새기는 부위는 고정되었으나 문양은 자유롭고 다양하였다. 상위층 남성은 가슴에 사람 머리 문양과 백보뱀을 새겼다. 여성은 상위층일수록 손가락 세 마디부터 팔꿈치까지 장식하였다. 일반 평민 여자는 손가락과 손등에 문신하지 못하였다. 문신을 하는 금액

남자 문신 | 여자 문신

은 명백하게 정해진 것은 없었지만 보통은 포(布) 4필이나 음식, 술, 철제도구를 지급 수단으로 사용하였다.

원주민들은 주변에서 쉽고 편하게 얻을 수 있는 재료를 활용하여 뛰어난 방직 기술로 화려하고 수준 높은 의상을 만들었다. 타이야(泰雅)족이 조개와 구슬로 엮은 의상은 패주의(貝珠衣: Lukkus-kaxa:Lukkus-pintoan)라고 불린다. 족장이 특정한 의식을 거행할 때 착용하는 옷으로 약 12만 개의 구슬이 사용되며 무게는 6~7kg에 달하며 권위와 부를 상징한다. 방울옷은

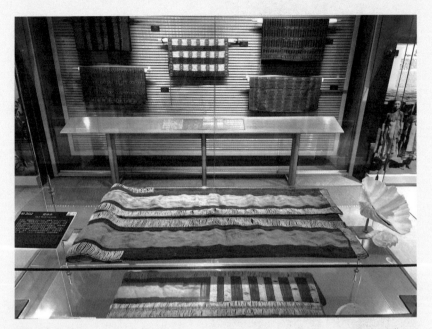

패주의

(앞) 방울옷 (뒤 중앙) 루카이여자장의(魯凱女子長衣)

패주의와 마찬가지로 전통 의례복이며 주로 축제에서 춤을 추기 위하여 입는 옷이다. 전쟁이나 사냥의 성공을 축하하는 것으로 소리가 울려 대중의 눈길을 끈다. 개인의 지위와 업적을 강하게 표출시키는 특별한 옷이라고 할 수 있다.

유리구슬은 여러 세대 동안 파이완족에 의하여 소중히 여겨졌다. 각양각색의 구슬은 파이완족의 신화와 전설·정령 신앙과 천지인관(天地人觀) 등을 상징한다. 예를 들어 태양 구슬은 족장과 태양 사이의 관계를 불러일으킨다. 눈(眼睛) 구슬은 액(厄)을 쫓아 몸을 보호하며, 소녀 구슬은 결혼을 기다리는 여성의 순결함과 미덕을 나타낸다. 유리구슬은 파이완족 결혼

파이완족 유리구슬

아메이족의 술잔 레와스   파이완족 의례용 칼

식의 필수품이며 신성한 의식과 축제에 참여할 때 필수적인 장신구이다.

칼은 남성 복식에서 중요한 패도(佩刀)이다. 산악 지역에서 사냥을 하는 남성들은 소금과 함께 필수적으로 가지고 다녔다. 파이완족의 제사용 칼

은 '우주 정령의 지팡이'로 알려져 있다. 신의 도구를 상징하며 칼의 손잡이는 놋쇠로 만들어져 인간의 형상을 한 경우가 많다. 큰 제사칼은 대개 귀족 가문의 제사 사당에 안치하였다. 작은 칼은 무당이 돼지 뼈를 긁거나 나뭇잎을 자르고 기도할 때 사용하였다.

아메이족의 제사용 술잔은 남성만의 상징으로 레와스(Lewas)라 불린다. 남성이 성년이 되면 가족들이 그를 위해서 도자기 잔을 준비하여 주었다. 이 잔으로 평생 동안 명절과 특별한 날에 조상신에게 제사를 지낸다. 레와스는 죽은 후에 소유자의 무덤에 함께 묻힌다.

타우족 연배

무당의 상자

타우족 이외의 원주민 남성들은 제사와 각종 의례에서 술을 제조하여 마셨다. 술은 주로 기장으로 양조하였다. 특히 파이완족이 나무로 만든 이어진 술잔인 연배(連杯)는 혼자서 마실 수 없으며 잔과 잔 사이는 통로로 이어져 있는 구조이다. 한 사람은 왼손으로 다른 사람은 오른손으로 잔을 들어 동시에 마셔야 한다. 나아가 세 개의 잔이 이어진 것도 있으며 술을 마시기 싫으면 잔을 상대방보다 더 높이 들면 된다. 주로 결혼식이나 남성들의 우정과 단합을 맹세할 때 사용하였다.

점술 상자는 무녀가 임의적으로 상자 안의 물건을 꺼내 기도를 할 때 주문을 외워 신에게 바치는 용도이다. 길흉의 점을 치거나 질병을 치료할 때 사용하는 주술적 상자이다. 신에게 병의 원인을 묻고 신을 위로하거나 질책하는 상반된 방식으로 환자를 치료하는 방식이다.

상(喪)을 당해서 입는 상복 역시 다양하다. 동남부의 파이완족과 루카이족(魯凱族)의 남성은 머리에 검은색 모시 재질의 사각형 두건을 착용하고 어깨에 사각형의 망토를 두른다. 여성은 검은색의 삼각형 두건을 착용한다. 지배층의 상복 중앙에는 사람 머리, 뱀, 꽃 등의 자수를 넣어 화려하게 꾸몄다. 일반 평민은 녹색계열을 주로 사용하지만, 귀족은 녹색 외에 빨강, 노랑, 검은색을 사용하여 화려하다. 권위를 상징하는 고유 문양과 화려한 색감은 부를 과시하는 뜻이다. 구슬 목걸이와 가슴 장식을 하고 여자는 팔찌를 패용하였다. 반면에 일반 평민의 상복은 단조롭게 제작되었다.

대만 원주민의 역사와 문화는 소박하다. 그들만의 고유한 전통을 평화롭게 계승하였지만, 외세의 침투는 변질과 차별을 불러일으켰다. 급변하는 환경에 순응과 대항을 통하여 어렵게 원주민의 전통과 문화를 계승하고 있어 박물관의 역할이 더욱 중요함을 알 수 있다.

파이완족 남녀 상복

담배 한 대가 지핀
민주 열망

얼얼빠(二二八)
기념관

*Remembering those who fought for democracy
and freedom: National 228Memorial Museum*

역사는 어둡고 공포는 깊숙이 내려앉았다

얼얼빠(228) 기념관은 1947년 사건 발생 이후 1995년 「228사건 처리 및 배상조례(2007년 개칭)」의 공포로 2006년 일본통치(이하 '일치(日治)'라고 한다)시대 사용한 대만교육회관 건물을 기념관으로 지정하였다. 2011년 2월 28일 개관한 228 국가기념관은 사건의 발단과 전개 과정을 따라 10구역으로 나누어 전시하였다. 2층 전시실 입구에 들어서면 벽면에 시 한 편이 마음을 숙연하게 한다.

1구역은 사건의 배경이다. 1945년 2차 세계대전 이후 대만은 해방을 맞이하였다. 해방 초창기 대만인들은 국민당 정부를 열렬히 환영하였다. 동시에 대만인들은 적극적으로 민주 선거에 참여하고자 하였다. 그 결과 비록 선거에 의한 것은 아니었지만, 1946년 5월 1일 대만성(省) 참의원회가 구성되었다. 참의원 의사당은 현재의 228기념관이었다.

歷史曾經幽暗難明
恐懼亦曾深深籠罩

但 民主為光源

照進塵封的檔案

벽면의 시
"역사는 한때 어두웠고 이해할 수 없었다. 공포 또한 한때 깊숙이 내려앉았다. 그러나 민주주의로 부터 빛은 쏟아져 나왔고 그 빛은 먼지 겹겹이 쌓인 기록을 비추었다. 진상을 폭로하고 역사에 아 로 새겨지고 있다." 라고 적혀 있다.

민주주의의 초석을 이루려던 의사당 출신의 주요 인사들이 228사건 때 많이 희생되어 이 건물이 기념관으로 조성된 것이다.

228사건의 배경은 크게 세 가지로 나누어 살펴볼 수 있다. 첫째는 대 만인의 정치적 소외이다. 대만인은 행정장관공서 고위층 인사로 단 1명 이 임명되었으며 현(縣)·시(市)장 역시 겨우 3명뿐이었다. 또한 초창기 정치 세력인 참의원 등은 정부의 지속적인 감시와 통제를 받았다.

둘째는 경제문제이다. 부패한 국민당 관료와 상인의 결탁으로 쌀 가격 이 치솟아 쌀 생산국에서 식량 부족국가라는 아이러니한 오명을 갖게 되 었다. 이에 대만인들은 국민당이 대만성을 수호하러 온 것이 아니라 약탈

전시실 내부

하러 왔다고 저항하였다. 또한 일본인의 전매제도를 그대로 수용하여 무역국을 설치했으며, 공산품과 농산물의 구입과 판매를 독점하고 부패한 관리들은 상인들과 결탁하여 사재기를 방임하였다. 이로 인해 자유로운 경제가 이루어지지 않았고 물가가 치솟자 국민은 행정원에 무역국 철폐를 요청하였지만 받아들여지지 않았다.

셋째는 강경한 언어정책이다. 오랫동안 일본의 통치를 받던 대만 민중들은 익숙한 언어인 일본어판 신문이 폐간되자 자유로운 언론 소통을 통제당하고 정확한 정보를 접하지 못하는 상황이 되었다. 국민당 정부는 대만 민중들이 국어(中語)를 모른다는 것을 빌미로 삼아 국가 인재로 채용하는 데 제한을 두었다.

판화 〈공포의 검사(恐怖的 檢查)〉　　　　삽화 〈대만의 부정부패〉

　　정리하자면 제2차 세계대전이 끝나고 대만은 일본의 식민 통치에서 벗어나 자유와 해방의 주인이 되기를 기대하였다. 그러나 새로 들어온 국민당 정부와 외성인(外省籍人)들의 정치·경제 권력 독점과 부패가 만행하였다. 더욱이 가난하고 힘없는 민간인들을 향한 군과 경찰의 과잉 단속과 발포로 대만은 다시금 식민지의 위기에 빠지게 되었다.

　　전시물 〈공포의 검사(恐怖的 檢查)〉는 황롱찬(黃榮燦)이 1947년 228사건을 판화로 제작한 것이고, 〈대만의 부정부패〉는 상하이에서 출판한 주간지 『시와문(時與文)』이 대만의 부정부패를 고발한 것이다.

　　2구역은 사건의 발발이다. 1947년 2월 27일 저녁 타이베이의 번화가인 디화지에(迪化街)에서 발생하였다. 이는 담배 판매를 단속하던 경찰이 시민에게 우발적으로 총을 쏜 것이다. 이에 시민들은 일명 '담배단속혈안' 사건을 가지고 장관 공서(公署)에 항의 방문하였으나(1947년 2월 28일), 위병들이 군중에게 기관총을 난사하였고, 다시 울려 퍼진 총성으로 무고한 사람들이 희생되었다. 시민들은 피바다에 누웠고 민심은 끓어올라 점차 반정부 시위로 확대되었다.

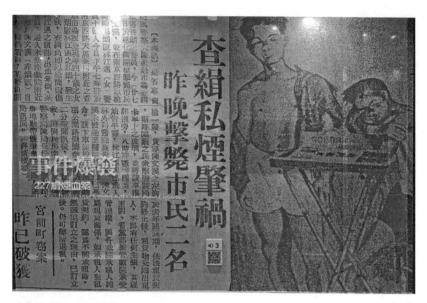

담배 판매단속 사건 발생

이처럼 시위가 확대된 것은 국민당 정부가 들어온 이후 여러 가지 근본적인 문제점들이 원인으로 꼽힌다. 첫째, 법과 기강을 무시한 채 군경들이 일상에서 함부로 총을 쏘는 행위이다. 둘째, 관리들의 부정부패가 속출하였는데 당시 경찰국과 전매국이 시위의 대상이었다는 사실이 이를 뒷받침한다.

치열한 투쟁과 학살

3구역은 전면 항쟁이다. 정부는 계속해서 군대를 동원하여 시위군중을 진압하였다. 이 사실은 사후 발견된 우홍치(吳鴻麒)의 일기에 잘 폭로되어 있다. 우홍치는 일치시대 안도리키치(安藤利吉) 전범재판에 참여했던 법률인이고 라디오에 출연해서 헌법의 중요성에 대하여 설명을 한 인물이다. 그러나 그는 난강(南港)다리 밑에서 숨진 채 발견되었다. 그는 다른 인물들과 함께 묶여 발견되었는데 서로 간의 유사성을 찾기 힘들다. 한마디로 이 시기 인명은 지위를 막론하고 상황에 따라 처리된 것이다.

유혈사태 이후 '228처리위원회'가 구성되었다. 위원회는 우선 식량부족을 해결하고 군경의 무차별적인 발포를 저지하려 하였다. 또한 '대만성자치청년동맹'은 현시장(縣市長)의 민선을 포함한 12개 조항의 개혁을 요구하였으며 개혁이 없으면 시위는 계속될 것이라고 주장하였다.

3월 4일 차츰 질서가 회복되었으나 여전히 군대가 무기를 내려놓지 않자 무장 항쟁을 준비하는 인사가 등장하였다. 대표적으로 앤자이츠(諺再策; 1926~1947), 탕쇼렌(湯守仁; 1924~1954), 쉬렌천(許壬辰; 1919~1947), 천추안디(陳篡地; 1907~1986) 등이다. 타이중(台中)지역 공산당원 시에쉐홍(謝雪紅)은 3월 6일 중부에서 학생군을 27부대로 조직하였다. 3월 15일 국민당 정부군은 학생군에게 항복을 권고하였으나 거절당하였다. 정부군은 다음날 우뇨란(烏牛欄)전투에서 학생군과 전투를 벌였으며 40명 남짓한 학생군은 21사

무장투쟁 인물

앤자이츠(諺再策)　　　탕쇼렌(湯守仁)　　　쉬렌천(許壬辰)　　　천추안디(陳篡地)

부정부패 관리 금고

32개조 요구안

단에 생각보다 큰 타격을 입혔다.

　전시물 〈민주 광장〉은 사건과 관련하여 부정부패한 관리의 집에서 발견한 각종 서류들과 금고이다. 이 금고를 열자마자 부정한 돈이 쏟아져 나왔으나 그 누구도 자기의 주머니에 넣지 않았고 길거리에서 태워 버렸다고 한다.

시국을 안정시키기 위하여 대만 민중의 대표들은 '228처리위원회'를 조직하였다. 현(縣)·시(市)장, 참의원회 민선을 6월 이전에 실시할 것과 각 성(省) 청·처장의 3분의 2 이상을 본성인(本省人)으로 담임할 것 등을 주요 내용으로 32 개조의 개혁안을 발표하였다. 해당 전시구역에서 당시 현장 음을 라디오로 들을 수 있다.

4구역은 무마와 군대 동원이다. 이른바 양면적인 수법의 전개이다. 대만 행정장관 천이(陳儀)는 여론을 수용하여 민주개혁을 약속하며 '타이베이시 임시 치안위원회' 총대장으로 쉬더회이(許德輝)를 임명하였다. 그러나 민주주의 발전 이후 발견된 공문서에 의하면, 그는 처리위원회를 감시하고 이간질하는 역할을 한 것으로 기록되어 있다. 정부는 여론을 통한 무마책을 사용하는 동시에 다른 한편으로는 국민당 정부 주석 장제스(蔣介石)에게 군대를 파병하여 진압하도록 요청하였다. 전시된 공문서의 친필 서명은 장제스가 1947년 3월 5일 보병 1여단과 헌병 1대대의

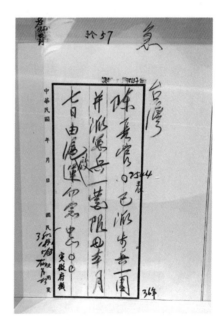

장제스의 파병 승인 친필

파견을 승인하는 내용이다. 이것은 행정장관 천이가 3월 2일 파병을 요청한 것에 대한 호응으로 강제 진압이 예고된 것이다.

5구역은 진압과 학살이다. 3월 8일 국민당 군대가 대만에 도착한 후,

행정장관 천이는 대만성 참의원 린이엔중(林連宗), 변호사 린궤이두안(林桂端)와 이뤠이펑(李瑞峯)을 체포하라고 명령하였다. 1947년 3월 12일 헌병사령부가 장제스에게 상정한 공문서에 의하면 비밀 체포와 암살이 자행되었음을 추측할 수 있다. 유족들은 오늘날까지도 시신을 찾지 못했고 기일도 알 수가 없다.

자이(嘉義)에서는 원주민들의 도움을 받아 쉐이샹(水上)공항 탄약고에 피해를 주었다. 이것은 국민당 군대가 자이 지역에 들어와 함부로 총을 겨누는 것을 막기 위하여 공항을 폐쇄하는 것이 목적이었다. 점점 격해지는 전투로 더 이상 시민들의 희생이 발생하지 않도록 장제스가 파견한 군대와 협상하기 위하여 자이 지역 8명의 참의원이 평화협상단으로 국민당 부대에 갔으나 거절당하였고 오히려 이들 중 일부는 구류되어 자이역 앞에서 공개 처형되었다. 국민당 정부군은 이들을 죄인 취급하며 자이 시내를 꽁꽁 묶어서 돌게 하고 공개 처형한 후 시신을 수습하지 못하게 하였다. 이 사건으로 인하여 정부군에 대한 반발이 전국적으로 확산되었다.

특히 치열한 투쟁이 전개되었던 자이시(嘉義市)에서는 일반 주택에 박격포탄이 떨어져 민간인이 사망하는 등 피해가 컸다. 민주화가 진전됨에 따라 여러 사실들이 밝혀지면서 유족들의 억울함은 더욱 컸다. 아픈 역사를 기억하고 사실 그대로 남기기 위하여 자이시는 생태지구에 총면적 6.1Ha의 228역사공원을 조성하였다. 공원에는 희생된 인물의 초상과 행적을 적고 시사(詩詞)로써 228사건의 역사적 의의를 문학과 예술로 승화하였다. 또한 희생자들이 남긴 유서 내용을 통해 민주주의 희생을 사실적으로 선달하고 유족의 아픔을 함께하고자 조성하였다.

자이역

228 자이 역사공원

희생과 민주주의

장종인의 의료기구

총살 당시 천청포 내의

천신이 사용하던 영문 타자기

6구역은 희생당한 영령들이다. 사건 기간 내내 민주주의를 요구하는 목소리가 울려 퍼졌다. 그러나 개혁을 이끌었던 운동가들은 맨 먼저 제거의 대상이 되었다. 대표적으로 민의 대표, 사법계, 언론계, 의료계, 정치계 등의 민주인사들이었다. 특히 언론계의 감시가 심하여 총 11개의 언론이 폐쇄되었으며『민보』,『인민도보』,『대만신생보』의 대표는 228사건으로 희생되었다. 전시 유물로는 민의 대표인 화가 천청포(陳澄波)가 희생 당시 입고 있던 내의, 1946년 국민 대표로 당선된 화리옌(花蓮)의 의사 쟝치랑(張七郎)과 두 아들이 사용하던 의료기, 천이를 세 번 만나서 개혁을 요구하였지만 3월 11일 타이베이 경찰국에 체포되어 살해된 금융가이자 언론인 천신(陳炘)이 사용하던 타자기 등이 전시되어 있다.

7구역은 수난의 벽이다. 군화발

희생자 구역

이 대만 전체를 짓밟고 시민들은 참혹하게 살해당했다. 여기에는 무참히 희생된 농민과 노동자, 심지어 학생들과 아이들의 초상이 걸려있다. 끝없이 이어진 흰 벽에 희생자의 사진을 전시하여 생명권 침해와 자유권 박탈을 잊지 않고자 하였다.

자이 철도역 앞에서 총살을 당한 천청보(陳澄波: 참의원, 화가), 구샹타이(顧尚泰: 의사), 루빙친(盧鈵欽: 참의원, 치과의사), 판무즈(潘木枝: 참의원, 의사), 천롱마오(陳容貌: 경찰) 등은 아내와 자식에게 유서를 남겼다. 유서는 길지 않은 분량이며 담담하게 마지막 인사를 전하였다. 혹시 모르는 미래에 대비하여 써 두는 유서와 죽는 날을 알고 쓰는 유서는 심정이 분명 다를 것이다. 그래서인지 희생자들의 유서는 거의 유사한 내용이었다.

첫째, 어려운 시절에 동고동락한 나의 아내를 사랑힌디. 둘째, 뜻밖의

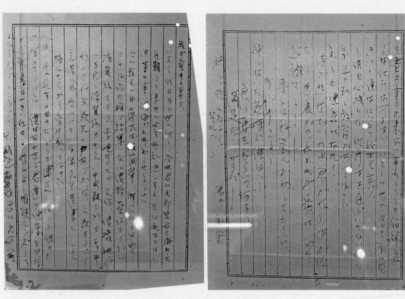

루빙친 유서

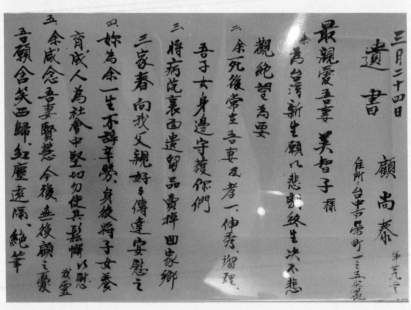

구샹타이 유서

일을 당하지만 12만 동포와 가족에게 부끄럽지 않다. 셋째, 자녀가 사회에서 견실한 역할을 할 수 있도록 참된 양육을 부탁한다. 넷째, 부모의 안위를 부탁하고 재산과 경제를 아내에게 맡긴다. 다섯째, 장례는 최소한 간소하게 치르며 너무 슬퍼하지 마라. 여섯째, 하늘에서 아내와 가족의 기복을 빌 것이다.

이처럼 죽는 날까지 부끄럽지 않은 신념으로 나라를 걱정하고 남은 가족이 부끄럽지 않도록 하였다.

8구역은 스루전(施儒珍;1915~1970)의 벽이다. 스루전은 항일운동에 가담하였으며 해방 이후 정부의 부정부패에 좌익 편향으로 돌아선 인물이다. 228사건에 가담하여 총상을 입었으며 수배 명단에 올랐다. 주변에서 사람들이 희생당하는 것을 직접 목격한 스루전은 이미 공포심이 가득하였다. 몰래 숨어서 생활하던 그는 1950년대 백색공포 시대에 '좌익독서회'에 참여하여 다시 수배 대상이 되었다.

그를 3일간 숨겨주었던 그의 삼촌은 3년간 옥고를 치렀다. 형량이 하루에 일 년씩으로 가히 지독하였다. 체포될 것을 두려워한 스루전을 위하여 동생은 헛간에 가짜 벽을 만들어 은신시켰다. 약 61㎝ 너비의 공간에 변기를 마련해 놓고 매일 몇 개의 벽돌을 빼어 밥을 넣어 주었다. 그는 무려 17년간이나 이 벽에서 숨어 지냈으며 햇빛을 보지 못하여 황달에 걸렸어도 병원에 가지 못하였다. 또한 죽어서도 장례를 치르지 못하고 문짝으로 관을 만들어 뒤뜰에 묻었다고 한다.

9구역은 상처의 기억이다. 희생자 유가족들의 증언을 바탕으로 정부의 억압 아래 은폐되었던 시간을 기억하는 곳이다. 당시 희생되었던 젊은 얼굴의 사진과 그들을 기억하는 나이 든 현재의 아내와 자식과 가족들의

스루전의 벽

陳水蓮
1947.03.09 許羅義到原居處
軍隊入宅開槍‧跨年 27 歲‧
(潘小俠 攝)

林黃紡
3 月初就北港遇國軍槍擊‧
跨年 21 歲‧
(潘小俠 攝)

상해를 입은 시민들

사진이 함께 전시되어 있다. 특히 시신을 목격한 가족들의 증언은 국가
폭력을 사실적으로 증언해 주고 있다.

실례로 당시 빠두(八堵) 기차역 부역장 장춘(江春)의 아내 쉬차오종(許朝宗)
은 많은 시신이 떠오른 찌룽(基隆) 해변에서 남편의 시신을 찾기 위하여 퉁
퉁 부은 남자 시신 하나하나를 다 확인하였고 인근 지역인 허핑다오(和平島)
에서도 반나절을 찾았지만 끝내 남편을 찾지 못해 함께 따라 죽고 싶었다
고 증언하였다.(『228스케치』 증언)

10구역은 희생자 기록물의 탑이다. 이 탑은 희생자의 기록물을 담아
탑의 형식으로 전시하였다. 1995년 2월 28일 리덩회이(李登輝) 총통은 국
가원수로서 228사건 희생자 유족과 국민에게 사과를 하였다. 또한 공식
적으로 국가 폭력이 인권에 미친 피해를 인정하였다. 여기서는 희생자들
의 사건 기록을 직접 열람하여 볼 수 있다.

희생자와 현재의 유족

희생자 탑

袖珍博物

Miniatures Museum of Ta

雨具、雨傘
請放置於電梯旁雨具架
勿攜入場館及大廳
感謝您的配合

Please do not bring umbrella
into ticket and exhibition hall.
Thank you !

작지만 큰 세상

미니어처_(袖珍)
박물관

Become a miniature figure for a day at the
Miniature Museum of Taiwan

아이에게 환상을, 어른에게 추억을

미니어처 박물관은 어린 친구들에게 동화 속 세계를 실제처럼 보여주고 어른들에게는 어릴 적 추억의 세계를 떠오르게 한다. '인형의 집'은 작고 깜찍한 예술이며 문헌상 최초의 출현은 1557년 독일 바이에른주의 기록이다. 귀족의 남자 아이가 여자 아이에게 예물로 보낸 것을 시초로 삼는다.

당시 인형의 집은 여아들이 가사(家事)를 배우고 살림살이에 관한 도구를 익숙하게 사용할 수 있도록 가르치기 위해 만들어졌다. 이런 교육용 인형들은 대부분 간단하고 비례도 일정하지 않았다. 또한 대부분 주방에서 사용하는 용품이 많고 그 다음으로는 손님을 맞이하는 거실 용기였다. 이런 종류의 미니어처를 독일에서는 푸펜(Puppen), 인형의 집은 푸펜하우스(Puppenhaus)라고 부른다.

독일 인형의 집은 1670년대 귀족들의 혼인 관습에 의하여 네덜란드에

유입되어 찬장식(Dutch Cabinet)으로 발전하였다. 이것은 더욱 세련감을 더하여 20세기 미국으로 전해지면서 달하우스(Dollhouse)가 되었다. 인형의 집은 기본적으로 360도에서 모두 외관을 볼 수 있어야 진정한 의미의 '인형의 집(娃娃屋)'으로 불리게 된다.

미니어처(袖珍; 쇼전) 박물관은 세계에서 두 번째로 큰 규모로 1997년 3월 28일에 개관하였다. 박물관의 주요 소장품은 단순한 인형이 아닌 작은 예술 작품이라 할 수 있다. 인형과 환상의 집으로 구성되어 거의 25년 이상 지속적인 수집과 창작활동으로 그 지위를 유지하고 있다.

현재 소장품은 대부분 영국 표준에 따른 1/12(feet) 비율로 제작되었다. 최근 몇 년간 기술의 발전으로 1/24, 1/48 작품들이 나오고 있지만 작으면 작을수록 제작이 어렵고 원래 모습이 왜곡되는 경향이 있다. 그래서 박물관은 최대한 왜곡 현상을 줄이고 원형에 가까운 모습을 감상할 수 있도록 1/12 비율을 유지하고 있다.

박물관에서 가장 역사가 오래된 작품은 1800~1810년으로 추정되는 독일 바이에른주 뉘른베르크(紐倫堡)에서 제작된 〈부엌〉이다. 신부가 될 딸에게 집안일을 가르치고 하인들에게 집을 정리하고 명령하는 방법을 위하여 고안되었다.

복잡해 보이는 부엌 안에

1800년 초 부엌

1910년대 부엌

는 다양한 취사도구들이 제각각의 크기대로 펼쳐져 있다. 몇몇은 너무 커 보이고 몇몇은 너무 작아 보이는 데 제작자들이 1/20에서 1/5까지 일정하지 않은 비율을 적용하였기 때문이다. 또한 자기로 된 냄비와 그릇은 자기로, 나무로 된 찬장과 의자는 나무로 제작하는 등 실물과 동일한 재질을 사용하였다.

이후 1910년에 제작된 〈부뚜막〉에는 주전자와 냄비가 올려져 있다. 이 작품은 일정한 비율로 축소되었고 외관은 꽃문양의 타일이며 더욱 정밀하고 세심하게 제작되었다.

박물관에서 가장 작은 미니어처는 〈나무 위 광산(樹上礦坑)〉으로 1:120 비율로 축소되었다. 오랜 시간 소요하여 정밀하게 작업된 작품으로 사람과 개의 동작 하나하나가 생생하며 사무실과 갱도 등을 뚜렷하게 볼 수 있다.

박물관에 전시된 미니어처는 단순히 모양만 섬세하게 다룬 것이 아니다. 조그만 1cm짜리 병 안

나무 위 광산

의 술이 진짜라면, 우표보다도 작은 텔레비전이 실제로 작동한다면, 쌀 한 톨의 크기만 한 전구 40개로 만든 샹들리에가 영국 버킹엄궁전 샹들리에의 1/12 축소판이라면 믿어지겠는가!

박물관은 아시아에서는 독보적으로 세계 각지의 미니어처 작품들을 소장하고 있으며 유럽의 역사적 건물부터 미국의 현대식으로 꾸며진 거실까지 시공을 초월한 소장품들이 다양하게 전시되어 있다.

작가의 철학과 상상의 날개

박물관에 전시된 인형과 건축물은 흔히 박물관에서 볼 수 있는 오래되고 진귀한 유물이 아니다. 여기에는 일반 박물관에서 감상하지 못하는 세계가 있다. 작가의 철학과 상상이 담긴 동심의 세계이다. 대부분 인형의 집들은 이를 제작한 작가의 동심과 창작성이 어우러져 표현된 것이다.

대다수 작품에는 작가의 사물에 대한 고찰과 동화에 대한 동경이 표현되어 있다. 작가가 자주 접하는 가구와 생활용품들로 그만의 '꿈의 집'을 얼마나 정교하고 세밀하게 재현해 냈는지를 살펴보는 재미가 있고 또 어떤 방식으로 그만의 생활공간을 꾸몄는지, 어떤 가구를 선호하는지를 통해 작가의 안목도 느낄 수 있다. 작가의 이러한 섬세한 터치와 '실제 그 안에 들어가 살고 싶다'는 꿈과 상상이 더해져 미니어처 세계가 완성되었다.

「장미호택(加州玫瑰豪宅, Rose Mansion, 1993)」은 미국의 건축학 박사 레지널드 트위그(Reginald Twigg)의 작품이다. 트위그는 그의 박사학위와 관련한 이 작품의 정교함과 완성도를 높이고자 대만에 직접 방문하여 작품을 수정하고 완성하였다. 캘리포니아주의 호화스러운 저택은 박물관 최초의 대형

장미호택 외관

장미호택 내부

벤쿠버의 부엌

작품이며 박물관의 상징(Logo)이 되었다. 저택 내부는 20여 칸의 크고 작은 다양한 용도의 방들과 베란다, 욕실이 꾸며져 있고 외부에는 정원과 정원사, 마차 등을 볼 수 있으며 지하에는 음식 재료를 보관하는 저장고와 부엌이 배치되었다. 더욱이 각 방에 있는 사람들의 표정이 생동감 있게 표현되었다.

　미니어처 박물관에는 미국의 여배우이자 인형 작가인 부르크 터커(Brooke Tucker: 1944~2023)가 꿈꾸고 상상하여 제작한 미니 건축이 상당수 전시되어 있다. 〈밴쿠버의 부엌(溫哥華南邊小廚房, 1985)〉은 전체적으로 흰색과 검은색을 사용하여 깔끔하고 밝은 느낌을 주었다. 심지어 바닥에 누워 있는 강아지도 흑백색이다. 여기에 양탄자와 꽃, 커튼의 리본을 붉은색으로 배합하여 채도를 안배하였고 최소한의 색상으로 효율을 높였다.

1 피아노 연주가가 집을 나서기 전　2 삼림 침실　3 팅팅의 방

〈피아노 연주가가 집을 나서기 전(琴師出門的前刻, 1995)〉은 네덜란드 암스테르담에 사는 피아노 연주가의 집이 배경이다. 중앙 통로에 악기와 여행 가방만을 배치하여 외출 전임을 묘사하고 있고 피아노는 뚜껑이 열린 채 악보가 놓여져 있어 조금 전까지도 연습을 한 장면이 상상된다. 또한 중앙 왼편에 공자상이 놓여 있는 것을 볼 수 있는데, 이는 필자로 하여금 네덜란드가 중국의 무역국이였음을 떠오르게 했다.

〈삼림 침실(面向森林的主臥室; Master Bedroom by the Forest, 1996)〉은 숲과 호수가 많아 살기 좋다는 시애틀을 배경으로 하였다. 숲을 연상시키는 녹색 바탕 벽지에 새와 꽃을 조화롭게 꾸몄으며 침실에서 삼림욕을 즐길 수 있는 분위기를 연출하였다. 화장대 위에는 산새가 날아 들어온 듯한 분위기이며 작품 앞에는 계단을 설치하여 관람객의 시선을 방 안으로 이끌고 있다.

〈팅팅(婷婷)의 방(1996)〉은 호숫가에 위치하여 청량한 바람이 솔솔 불어 들어오는 여자 아이의 방으로 꾸며져 있다. 백색의 벽지는 순결함을 의미하며 침대 밑에는 미니어처 속에 미니어처 같은 3개의 룸박스(Roombox)가 나란히 배치되어 있다. 방 양쪽에는 상상과 동심의 표현인 목마가 설치되었는데 일반적으로 방에 목마를 두진 않지만 작가가 목마 위에서 미소를 머금은 아이를 상상하며 제작하였다.

캐나다인 존 하워드(John Howard)는 고전풍의 소재와 생활 속의 재료를 이용하여 작품을 제작하였다. 그의 작품인 〈너구리의 집(浣熊之家, 1995)〉은 어느 날 작가의 화분에 금이 간 것을 발견하고 여기에 너구리 가족의 집을 고안하였다. 아빠 너구리는 낚시를 하고 엄마는 독서를 즐기고 있으며 아기 너구리는 호두로 만든 간이 침대에서 잠이 들어 있는 모습이다.

〈전통사진관(傳統照相館, 1995)〉은 사진기 보급이 그리 활발하지 않던 근대

너구리의 집

시기 미국과 유럽의 정취가 물씬 풍기는 작품이다. 그 시기엔 사진관에 간다는 것은 매우 특별하고 큰 행사였다. 따라서 격식 있는 화려한 옷을 입고 사진을 찍었다. 사진사는 지금은 자주 볼 수 없는 암보(Dark Cloth)를 사용하여 초점을 맞추고 있다.

〈고대 이집트의 방(埃及之家, 1999)〉은 고대 이집트의 주거 문화를 재현한 미니어처이다.

1920년대 뉴욕 메트로폴리탄 박물관의 연구자들이 이집트의 피라미드 무덤에서 23점의 소형 가구와 예술품을 발견하였다. 이는 역사상 가장 초기의 소형 예술품으로 알려져 있다. 3,000년 전의 묘장품들은 주로 파라오와 귀족의 무덤에서 출토되었는데, 작가는 이때 발굴된 묘장품의 전통문양을 바탕으로 고대 이집트의 생활문화를 현대적으로 재해석하여 미니어처를 제작하였다.

전통 사진관

고대 이집트의 방

전통 인쇄공장

이밖에 전통적인 인쇄 기술과 그 안에 작업자들의 인간미가 느껴지는 〈전통 인쇄공장(傳統印刷廠, 2000)〉이 있다.

케빈 멀배니와 수잔 로저스(Kevin Mulvany & Susan Rosers)가 1/12의 비율로 제작한 영국 〈버킹엄 궁(Buckingham Palace; 白金漢宮, 1999)〉은 앞쪽은 궁전의 외관을 묘사하고 뒤쪽은 궁 안에 있는 소품이 보이게 구성하였다. 정교한 식탁과 의자들 위에는 샹들리에가 실제로 빛나고 색감이 생생한 계단 위벽에는 실제 궁에 걸린 명화이다.

버킹엄 궁 내부

버킹엄 궁 내/외관

동화속 상상의 나라로!

다양한 건축의 세계를 재현한 미니어처가 현실 세계의 축소판이라면, 동화 속의 세계를 재현한 미니어처는 환상과 추억을 느낄 수 있는 작품들이다. 동화 대부분은 환상적인 소재이므로 정확한 1/12의 비율을 요구하지는 않는다.

동화 세계 구역에 미니어처는 어린이를 위해 미국의 미니어처 예술가 빌 랭크포드(Bill Lankford)를 초대하여 특별히 구상하고 디자인하여 제작하였다. 그는 동화를 한눈에 볼 수 있게 하였고 일부는 온전히 그만의 상상력으로 작품을 만들었다.

빌 랭크포드의 작품 〈재크와 콩나무(傑克與魔豆, 1997)〉는 작가가 조경에 조예가 깊음을 보여주는 작품이다. 동화 속 큰 나무는 거인의 성까지 올라갈 수 있는 신비한 콩나무답게 튼튼해 보였고 열매들도 큼지막하게 주렁주렁 열려 있으며 작은 초가집과도 비율이 어색하지 않게 잘 어울린다. 또한 집 주위에는 다양한 꽃과 나무를 배치하였고 다락방 창문틀에도 화분을 두어 조경을 완성하였다. 꽃은 금방 핀 듯 생생하고 섬세하게 제작되었다.

〈걸리버 여행기(Gulliver in Lilliput Land; 格列佛遊記, 1998)〉는 걸리버 여행

재크와 콩나무

의 주요 소재인 소인국을 작품화
하였다. 걸리버는 공격하러 온
이웃 나라 전함을 해안으로 끌어
당기고 양국의 왕을 손에 올려놓
고 화해를 중재한다. 매우 실제
적이고 입체적인 표현 기법을 사
용하여 바닷물, 전함, 마차, 목
장, 교회, 정원 등을 묘사하여
동화 속에 빠져들게 하고 있다.
더욱 특별한 것은 미니어처 속
걸리버의 모습이 미니어처 작가
자신이라는 것이다. 소설 속 걸
리버의 모습을 일부러 상상해 만
들기보단 자신의 모습을 걸리버
로 제작하여 소설 속 주인공이
되고자 했던 자신의 꿈을 미니어
처를 통해 실현한 것이다.

걸리버 여행기

〈이상한 나라의 앨리스(愛麗絲
夢遊仙境, 1998)〉는 동화 속 여러 장
면을 큰 나무에 엮어 놓고 앨리
스가 나무 아래 앉아 책을 읽으
며 양복을 입은 토끼를 만나는
것을 시작으로 나무 줄기를 따라

이상한 나라의 앨리스

환상적인 이야기를 꾸몄다. 360도 돌아보면서 감상해야 하며 동화 한 편을 단숨에 읽을 수 있도록 제작되었다.

피터팬 네버랜드로 날아가다 | 피터팬 후크선장과의 전투

〈피터팬(彼得潘, 2004)〉은 친숙하고 대중적이며 유행을 타지 않는 동화이다. 작가는 어른이 되고 싶지 않은 피터팬이 네버랜드로 떠나는 장면과 후크 선장과의 전투를 작품화하였다. 친구들과 날아다니며 어른 악당과 용감하게 싸우는 구성으로 상상과 추억을 동시에 느낄 수 있다.

〈공룡과 나무성(恐龍帝國-樹城; Dinotopia-Treetown, 2012)〉은 나무 성에 오르내리는 사다리가 하나도 없다. 인간과 공룡이 적대적 관계가 아닌 공존하는 세상을 상상한 것이다. 사람들은 공룡의 목을 타고 나무 위 마을을 오가며 농작물을 심어 공룡에게 먹이로 나누어 준다. 또한 공룡의 등을 탄 남자아이가 나무 성 위에 있는 여자아이에게 꽃을 주고 익룡의 정거장에는 깃발을 든 사람이 관제탑 역할을 한다.

〈공룡과 도심(恐龍帝國 -市中心; Dinotopia-Township, 2017)〉은 인간과 공룡이 서로 문화적으로 함께 하는 공간을 상상한 것이다. 공룡이 지식과 문화를 가지고 있어 돌판 위에 '공룡 문자'를 만들었다. 다리는 공룡이 다리 밑을 지날 수 있도록 설계되었으며 다리 위에도 작은 공룡들이

공룡과 나무성

다닐 수 있는 문이 있다. 작은 공룡은 어린이와 함께 놀며 어부의 낚시를 도와주기도 하고 큰 공룡은 배가 항구에 정박하는 것을 돕는다.

아울러 빌 랭크포드는 동화와 상상의 세계뿐 아니라 사실적이고 실제적인 작품도 제작하였는데 〈가을풍경(秋季即景; Autumn Leaves, 1997)〉이 대표적

공룡과 도시

이다. 어느 가을 날 퇴역한 선장이 해안가 절벽 위에 지어진 저택에서 아내와 가을 바람을 쐬고 있다. 녹색의 잎이 점점 붉은 빛으로 변하는 가을 풍경 아래 선장은 바다에서 있었던 화려했던 세월을 떠올리며 다시 바다에 나가고 싶어 한다. 반면에 그의 아내는 이제 더 이상 옥상 노대(望夫屋頂: Widows Walk)에서 남편이 무사히 돌아오기를 기다리며 노심초사하지 않아도 된다고 생각하고 있다. 선장이 물려 준 큰 허리띠를 두른 손자는 지나가는 배를 바라보며 장차 선장의 꿈을 상상해 본다. 같은 시간 같은 공간에 있지만 서로가 느끼고 꿈꾸는 가을풍경은 낙엽처럼 다른 색감이다.

가을풍경

世界宗教博物館
MUSEUM OF WORLD RELIGIONS

博物館
D RELIGIONS

山

Mountains, Ocean, an
NATURE IN M

海

世界宗教博物館
MUSEUM OF WORLD RELIGIONS

종교의 뿌리는 하나
세계종교
(世界宗敎)
박물관

Religion has one root Museum of World Religions

종교의 뿌리는 하나

대만의 민간신앙은 한족(漢族)의 오랜 역사를 바탕으로 신앙과 의례 등이 삶의 다양한 측면에 반영되어 있다.

통일된 교리와 경전이 없으며 하늘과 조상을 공경하는 것이 주요 내용이다. 하늘을 공경하는 것은 자연을 존중하고 자연에 따라 행동하는 것을 의미하며, 조상을 공경하는 것은 곧 자신의 존재를 인식하는 것으로 중요하게 여긴다. 또한 정기적으

관음마련(觀音媽聯)

로 하늘과 조상신에게 제사를 지내는 성대한 종교의례가 행해지고 있다.

천합(薦盒)

　현재 대만은 기본적으로 불교를 믿는 인구가 대다수이다. 조계종은 대만에 거주하는 한국인 불자와 포교 활동을 위하여 대만에 홍법원(弘法院)을 두고 승려를 파견하고 있다.

　대만은 관음보살을 중심으로 여러 신이 등장하는데 민간에서는 속칭 '관음마련(觀音媽聯)'이라고 칭한다. 가정, 사당, 사원 등에 두어 공양의 대상으로 삼는다. 일반적으로 3층으로 나누어 상층에는 관음과 선재용녀(善財龍女), 중층에는 관우와 천상성모(天上聖母), 하층에는 부엌신과 복덕정신(福德正神)을 모신다. 천합(薦盒)은 공양함이며 나무와 주석으로 만드는 경우가 많으며 디자인이 다양하다. 보통은 신에게 바칠 술과 술잔을 받치는 용도로 사용한다.

물커튼(水幕)

순례자의 길

세계종교박물관은 존중, 포용, 박애라는 각 종교의 기본정신을 바탕으로 편견 없이 세계 10대 종교를 선정하고 그 유래와 발생지역 등을 소개하고 관련한 유물을 전시하고 있다. 입구에 들어서면 성작(聖爵)과 성합(聖盒)을 닦는 순수한 물커튼에 직접 손을 담가 몸과 마음을 씻는 정화의식을 체험해 볼 수 있다. 또한 순례자의 길을 지나며 순례의 개념을 이해하는 것은 삶과 죽음 사이의 종교의 고뇌를 체험하는 공간이다.

박물관의 첫번째 주제는 '정말 신(神)은 존재하는가?'이다. 중앙 대청마루에 "사랑은 우리의 공공 진리이며, 평화는 우리의 영원한 갈망이다"라고 적혀있는데, 이것은 세계종교박물관의 건립 이념이다. 세계 10대 종교는 8개의 종교와 이집트와 마야를 고대 종교의 발생 근원으로 구성하였다.

마야 제단

고대 이집트(古埃及)구역은 이집트인들의 태양신 숭배 사상을 보여준다. 신들은 인간의 형태로 표현하였으며 종종 동물이나 동물 머리의 인간 형태를 하고 있다. 고양이머리에 여자 몸으로 구성된 바스테트(巴斯泰特; Bastet)와 독수리가 왕관을 착용하고 있는 헤라스(赫

바스테트와 헤라스

拉斯)는 기원전 7세기에서 4세기로 추정되며 재질은 청동이다. 바스테트는 고대 이집트 신화에 등장하는 다산과 풍요의 여신이며, 헤라스는 파라오의 권력을 상징하고 신전에 제물로 놓은 것이다.

마야(馬雅; Maya) 구역은 메소아메리카(Meso-America)의 원주민 종교를 소개하고 있다. 마야의 제단은 마야 문명이 많이 남아 있는 멕시코 치아파스(怡帕斯)에서 가져온 것으로 소나무 재질이다. 망자의 날(亡者之日)에 제사장들이 의식에 사용한 제단으로 기독교와 융합하여 변질된 형태이다. 불타는 촛불은 신들이 제물을 즐기고 있다는 것을 나타내며 오곡의 풍요를 바라는 의미를 담고 있다.

종교가 발생하는 근본적인 원인인 인간의 탄생과 죽음 구역에는 초생(初生), 성장, 중년, 노년, 죽음과 사후세계로 구분하여 전시하였다. 탄생과 죽음에 이르기까지 각 단계별 의례 문물과 사진을 전시하여 종교가 바라

보는 생명의 예찬(禮讚)을 보여준다. '일즉일체(一卽一切) 일체즉일(一切卽一): 하나가 곧 일체요, 일체가 곧 하나이다'. 모든 것은 하나인 듯 서로 연관되어 조화를 이룬다는 중도(中道)를 인간의 삶에 투영하고 있다. 어떤 종교든지 인간이 존재하기 때문에 발생한 것이다. 즉 인간의 삶과 관련한 철학이다. 그러므로 방식의 차이는 있지만 근본적으로 추구하는 것은 일치한다고 설명하고 있다.

사상가와 종교의 출현

기독교(基督敎) 구역은 '예수는 누구인가?'라는 질문으로 시작하여 기독교의 복음과 수도원 제도, 대만의 기독교 현황 등으로 구성하였다. 전시된 주요 유물은 회화, 조각, 의궤(儀軌) 등이다. 17세기 유화(油畫)인 성 베드로(聖伯多祿; Petros)의 초상화는 인물을 사실적으로 묘사하여 간절한 기독교적 구원을 소망하는 표정이다. 양을 왼쪽 어깨에 얹은 예수는 초기 기독교에서 유행한 회화이며 마치 목자가 양을 돌보듯 인류의 구원을 위한 희생을 상징한다.

성 베드로

17세기 제작된 예수상은 나무 십자가에 상아 재질로 예수상을 제작하였다. 높이 118.9㎝, 폭 63.1㎝의 조각상은 예수가 인

예수

예수상

성모와 성자

예수 성체궤　　　　　　예수의 부활과 12제자

류를 구원하기 위하여 희생한 정신을 표현하고자 하였다. 또한 〈성모와 성자(聖母與聖子, 19세기)〉는 성상(聖像)을 그림판에 묘사하여 예배자들이 입 맞추고 숭배함으로써 내면의 경외심을 표현하는 것이다.

　아울러 예수와 12제자의 〈최후의 만찬〉을 조각한 석고상이 있으며, 〈예수의 부활과 12제자〉는 중앙에 예수의 부활을 묘사하고 12조각의 타일을 둘렀다. 또한 초기 기독교 의례에서 사용한 기물(器物)인 성례함(含)·향로·은제유등(銀製油燈)·비잔틴(拜占庭;Byzantine) 십자가 등이 전시되어 있다. 19세기 동으로 제작한 〈예수 성체궤(聖體櫃)〉는 성체를 보관하는 장소로 정교하고 화려하게 장식하였다. 정교회 형태로 표현되었으며 중앙의 현관문 외에 3면에는 기도하는 예수, 재판 모습, 하늘에 승천하는 모습을 표현하였다.

불삼존조상비(佛三尊造像碑)

불족석(佛足石)

불교(佛敎) 구역은 부처인 싯다르타 고타마(Siddhartha Gautama)가 제시한 팔정도(八正道)를 수행하는 기물과 시대별 불상이 전시되어 있다. 서위(西魏) 시기 석회암에 조성한 〈불삼존조상비(佛三尊造像碑)〉는 법의를 입고 가부좌를 한 부처와 협시보살로 이루어져 있다. 협시보살 밑에 사자는 부처의 용맹과 위대한 뜻을 상징한다. 뒷면에 부조는 상중하 3층으로 구성되었으며 자오징(趙景)과 그 가족이 황제와 백성의 안락(安樂)을 위하여 조성하였다고 적혀 있다.

2세기 회색편암(灰色片岩)에 새긴 불족석(佛足石)은 초기 부처를 사실적으로 묘사하기 이전에 부처의 발을 부처의 상징으로 사용한 것에서 유래한다. 발톱에 세 개의 뾰족한 상징은 부처, 달마, 승가의 삼보를 나타내며 그 아래에는 부처의 순수와 완전함을 상징하는 만(卍)자를 새겼다. 진흙에서 피어난 연꽃은 깨달음의 세계를 상징하며 중앙의 원은 법륜이고 법륜의 회전은 모든 중생의 번뇌를 소멸시키는 부처의 설법을 상징한다.

12세기 제작된 황동 금강저(金剛杵)는 마귀를 퇴치하는 방망이로 항마저(降魔杵)라고도 불린다. 원래 고대 인도의 무기로 질감이 강하여 각종 물질을 깨뜨릴 수 있다고 하여 금강이라 불린다. 수행자의 마음을 지키는 도구가 되며 번뇌를 제거하는 보리심을 상징한다.

금강저(金剛杵)와 금강령(金剛鈴)

녹색 코란경(藍色古蘭經)

금강령(金剛鈴)은 불법의 지혜와 덕을 상징하며 손잡이는 금강저 형태이다. 모든 중생의 발전을 촉구하고 깨달음을 불러일으키는 종(鐘)이다. 일반적으로 금강저와 금강령은 함께 사용된다.

이슬람(伊斯蘭) 구역은 예언자 무함마드가 받은 계시인 다양

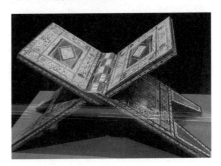

코란받침대(古蘭經架)

한 형태의 코란(Qur'an)과 예배 시에 사용되는 각종 기물을 전시하였다. 무
슬림들은 코란을 존중하여 땅이나 부정의 위험이 있는 곳에 두지 않는다.
코란을 암송할 때 사용하는 접이식 책장은 모스크와 무슬림 가정에서 흔
히 볼 수 있다. 접이식 코란받침대(古蘭經架)는 시리아의 전통적인 목재 상감
양식으로 제작되었으며 코란을 펼쳐 낭송할 때 사용하는 것이다.

키스와(罩幕)

키스와(Kiswa: 罩幕)는 메카의 신전인 카바(kaaba)를 덮는 천이다. 소장한 키
스와(天房罩幕)는 세계무슬림연맹에서 기증한 것으로 검은색 천에 금실로 코
란 구절을 새겼다. 지중해 연안에서 제작하는 형태의 대형코란경서(大型古蘭
經書頁)는 녹색코란경(藍色古蘭經)으로 불린다. 9~10세기로 추정되며 녹색 양피
지에 금색으로 코란 구절을 새겼다. 이라크의 쿠파(Kufa)에서 유래하여 아라
비아 서체 중 가장 오래된 쿠픽(Kufic script)문자로 15줄의 코란구절이다.

지역색이 강한 종교

도교(道敎: Daoism) 구역은 '도(道)'의 문자적 의미, 노자와 도교의 신들, 도
교 궁관(宮觀), 도장(道藏), 연금술(煉丹之術)과 질병 치료, 오행(五行)과 팔괘(八卦),

도교 의식을 설명하고 있다.

칠성검(七星劍)은 보검(寶劍), 법검(法劍)으로 불리며 요괴를 죽이고 악령을 쫓는데 사용하는 무기이다. 일반 검과 다르게 칼날에는 7개의 단추가 있는데 이는 북두칠성을 상징하며 그 힘으로 악귀를 쫓아내는 의미가 있다. 도교 승려들은 호신용으로 사용하기도 하고 제단에서 정령을 부르기도 한다. 민간에서는 높이 매달아 악령을 쫓는 법기로 사용한다.

고공강의(高功絳依)는 도교 고위 성직자가 입는 고공(高功)으로 소매와 몸통은 사각형으로 결합 되어 천지사방을 나타낸다. 노란색 바탕의 강의는 중앙에 네 발톱의 금용(金龍) 한 쌍이 구슬을 잡고 있으며 주위에는 팔상운(八朵祥雲)을 자수하였다.

중국 중서부에서 유행한 도교는 의례 행사에 제신도(諸神圖)를 제단에 걸어 놓는데 총진도(總真圖)라고 칭한다. 전시된 제신도는 삼청(三淸;玉淸,上淸,太淸)이 맨 위에 있고 최고 정신인 도(道)를 신격화한 것이다. 그 아래에 중존(中尊)이 있고 동왕공(東王公), 사왕모(西王母), 두모(斗姆) 등 도교 신들을 좌우로

고공강의(高功絳依)　　　　칠성검(七星劍)

배치하여 계층적인 신상임을 알 수 있다.

힌두교(印度敎; Hinduism) 구역은 힌두교의 다양한 신상(神像)을 전시하고 각 신들과 관련한 종교 문물을 전시하고 있다. 검은 돌에 새겨진 영원한 시바신(永恆的 濕婆神)은 12세기 제작되었다. 시바는 힌두교 3대 신 중의 하나로 우주 파괴의 신이자 창조의 신이다. 생성, 재생산, 파괴의 3가지 능력이 있어 3개의 머리로 묘사되는 경우가 많다. 미간에는 신과 생명체를 파괴할 수 있는 제3의 눈이 있다. 오른손의 삼지창은 파괴를 상징하며 왼손의 양면 북은 생명을 창조

제신도(諸神圖)

할 수 있음을 나타내고 있다.

9세기 제작된 비슈누(毘濕奴)는 힌두교의 3대 수호신으로 화강암 재질로 조각되었다. 그는 현세 세계와 우주 만물의 수호자이며 다양한 모습을 하고 어디에나 존재하여 편재자(遍在者)라고 불린다. 그의 손에는 탄생의 첫소리인 '옴(唵)'을 상징하는 소라(海螺), 계절과 시간의 순환을 상징하는 법륜(法輪), 지식과 영적인 힘을 상징하는 홀(權杖)을 쥐고 있다.

비슈누(毘濕奴)와 시바

시바신(永恆的濕婆神)

범천(梵天)

　　15세기 제작된 범천(梵天)은 우주 창조의 신으로 사암(砂巖)에 조각하였다. 범천은 동서남북 사방을 바라보며 네 손에는 브라마 경전인 베다, 연꽃, 염주, 바리를 들고 있다. 이 범천상은 부조(浮彫)이므로 3면을 바라보고 있으며 양손에는 염주와 바리를 들고 있다. 양측면 아래에 작은 신들은 브라흐마의 추종자들이다.

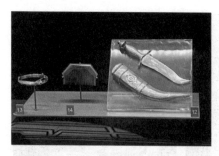

시크교 5K

팔키사히브(聖典架)

시크교(錫克敎; Sikhism) 구역은 인도 편잡 지역에서 발생한 배경과 창시자 구루 나낙(Guru Nanak, 1469-1539)의 사상에서 시작된다. 전시된 단검·쇠팔찌·빗은 시크교의 외형적 상징인 5K(①케쉬; Kesh 깎지 않은 머리카락, ②캉가; Kangha; 빗, ③키르판; Kirpan; 단검, ④카라; Kara; 쇠팔찌, ⑤카체라; Kachera; 반바지)의 일부이다. 이 유물은 편잡 지방 방언으로 모두 K로 시작하여 5K라고 부른다. 금속 재질의 단검은 초승달 모양이며 길이 27.7㎝로 진리를 지키기 위한 결심을 상징한다. 빗은 나무 재질로 우리의 참빗보다 틈이 넓고 조금 더 크다. 쇠팔찌는 화려한 장식이나 문양 없이 구성원의 결속을 상징한다.

팔키사히브(聖典架; Palki Sahib)는 시크교의 경전인 아디 그랜트(Adi Grath; 阿底 格蘭特)을 보좌하는 것으로 화려하게 장식되어 있다. 사원을 본뜬 형태를 취하고 있으며 지붕에 5개의 첨탑과 네 모퉁이에 기둥을 세웠다. 지붕과 기둥 위에는 금틀을 장식했는데 유일신(唯一眞神)이라는 뜻이다.

유대교(猶太敎) 구역은 유대교의 초창기 역사, 산망(散亡) 시대부터 각지에

흩어져 유대의 역사와 율법을 정리한 사실을 보여준다. 주요 유물은 율법 지관(律法之冠)·지경봉(指經棒)·토라(猶太律法) 등이다. 1920년 제작한 유대 의상은 13세가 되어 성인식을 통과한 유대인 소년의 전용 의상이며 하나님에 대한 존경을 상징하는 둥글고 작은 모자(Kippah)와 금실로 수 놓은 외투(Coat)로 구성되었다.

유대 성인식 의상

토라(猶太律法)

유대 지경봉(指經棒)

율법인 토라는 20세기 초 폴란드에서 은으로 제작한 것으로 양 끝을 나무 두루마리로 하고 양피지 위에 오른쪽에서 왼쪽으로 작성하였다. 회당에서 예배보는 동안 높이 들고 낭송한 다음 휘장이나 토라 상자에 보관하였다.

지경봉은 토라를 낭송할 때 그 위에 적힌 말씀을 가리키어 양피지를 만지지 않도록 하기 위한 용도이다. 경전은 하나님의 말씀이므로 정결을 고려하였고 실제 양피지는 깨지기 쉽고 잉크를 잘 흡수하지 못하여 손가락으로 만지면 손상될 수 있었다. 그러므로 다양한 지경봉이 제작되어 사용되었다.

신도교(神道敎; Shinto) 구역은 '신도(神道)'의 개념과 '신(神)'은 카미(Kami)라는 용어 정리에서 출발한다. 시메(注連縄; 주연승)는 짚을 꼬아 만든 줄로 신성한

신사와 주연승(注連縄)

산신상(山神像)

고려사자개(高麗獅子犬)

지역을 표시하며 보통 신사 입구에 걸어 둔다. 이는 사악한 귀신의 출입을 막고 숭고하고 정결한 신을 지키는 의미이다. 신에게 공양할 때는 종이를 새끼줄 사이에 끼어 넣는다.

일본에서는 거의 모든 산에 지역 주민들이 숭배하는 '산왕(山王)'이라고 칭하는 신이 있다. 전시한 두 산신상(山神像, 1338-1476)은 히에이산(比叡山)의 산왕이다. 왼쪽의 산왕은 21사(社) 중의 하나인 대행사신(大行事神)이며, 오른쪽의 제신(祭神)은 산말신(山末神)이다. 나무로 제작한 한 쌍의 동물은 사자(獅子)와 고려사자개(高麗獅子犬)로 불리는 고마이누(狛犬)이다. 입을 벌리고 있는 것은 사자이며 입을 다문 것이 고려의 개이다. 신사의 앞에 서서 악령의 침입으로부터 신사를 보호하는 역할을 한다.

혼치 않은 캔버스
타일 (花磚)
박물관

*Art on an unusal canvas: Museum of Old
Taiwan Tiles*

폐기물이 유물로 살아나다

이려서 동네에서 가지고 놀던 딱지, 구슬, 고무줄은 어느새 근현대박
물관에 가야 볼 수가 있다. 당시에 동네 문방구에서 흔하게 팔던 것인데
세월의 변천에 따라 추억 속으로 사라지고 있다. 놀이기구와 장난감뿐 아
니라 사용하던 도구와 기구들도 과학과 기술의 발전으로 점점 우리 곁을
떠나고 있다.

그러나 한편으로 누군가는 이 시대의 역사와 문화를 남기고 정리해야
한다. 최근 초기에 출시된 핸드폰과 디지털카메라가 고가에 거래되고 있
는 것은 고물이 유물로 변해가는 과정이라 이해할 수 있다. 대만에서는
버려지는 폐건축물 속에서 옛 전통과 문화를 간직한 수공예 타일(花磚)을
20년 이상 수집하여 '타일박물관'으로 개관하여 이색적인 근대 문화유산
을 보존하고 있다.

대만 타일박물관의 전시된 타일은 공장에서 대량으로 찍어낸 것이 아

니라 장인이 직접 그리고 도안하여 구워 만든 것이다. 대만인은 건강과 행운을 기원하는 그림이나 글, 도자기 등을 집안에 두는 것을 즐긴다. 이런 풍습은 일본인에 의해 수입된 타일이 캔버스가 되어 한 시기를 유행하였다. 그러나 시대의 변화에 따라 전통 가옥은 폐가옥이 되어 갔고 수공예 타일도 함께 사라져 갔다.

이를 안타까워한 건축학도 쉬자린(徐嘉淋)은 철거되는 가옥에서 독창적인 수공 타일을 수집하기 시작하였다. 그는 타일 역시 과거 폐가옥에 살던 사람들과 추억을 함께한 가옥의 또 다른 주인이라고 생각하였다.

처음에는 단순히 타일을 보존하겠다는 마음으로 사진을 찍고 글을 썼다. 수집하는 과정에서도 수많은 시행착오를 겪었다. 일일이 벽돌 하나하나씩을 떼어내거나 위험을 무릅쓰고 지붕에서 작업하는 상황도 적지 않았다. 어렵게 수집한 수공 타일은 복원하는 과정 역시 까다로웠다. 점토로 부착한 수공 타일은 비교적 쉽게 복원 과정이 진행되었지만, 시멘트로 접착한 것은 전동기구 등을 사용하여야만 했다.

쉬 관장은 한두 개씩 수집한 타일이 점차 늘어나자 보관할 장소가 필요했다. 그는 직장을 다니면서 그의 이상을 실현하고자 노력하던 중 2015년 고향인 자이(嘉義)에서 고가옥 한 채를 만나게 되었다. 약 2년간의 수리와 복원을 통해 2017년에 '대만 타일 박물관(臺灣花磚博物館)'을 개관하게 되었다. 이것은 사라질 위기에 놓여있던 고가옥을 복원하는 효과와 동시에 한 시대를 풍미하던 타일을 보존하는 계기가 되었다.

대만은 청일전쟁 이후 일찍이 일본의 지배를 받았고 문화적 변화와 경제적 충격을 겪었다. 정치와 문화의 변화보다 경제적 변화는 더 빠르게 대만 사회에 영향을 미쳤다. 빈부의 차이는 이진 시기보다 뚜렷하였으며

내부 전경

내부 타일(좌)　　　　　　　내부 타일(우)

상류층의 소비는 다양하게 표현되었다. 동서양을 막론하고 건축은 부의 상징이자 자기과시를 위한 대표적 문화 산물이 되었다. 시대 흐름에 따라 다양한 건축양식과 기법이 유행하였지만, 한 시대를 지탱하기 어려운 허약한 구조물과 습한 환경으로 인해 100년 이상 건축물을 유지하기 어려웠다. 그럼에도 한 시대를 강렬하게 표출한 건축양식이 유행하였는데, 그것은 바로 타일 장식이다.

일본 수입 타일

대만의 타일 건축양식은 전통적인 문양과 다양한 기하학적 무늬를 가지고 있다. 특히 1915년에서 1935년까지 부유층에서 수공예 타일이 사용되어 부와 권위를 상징하는 수단으로 여겨졌다. 그러나 중일전쟁 이후 타일은 단종되었고 결과적으로 대만에서 유행한 기간은 겨우 20여 년에 불과하였다.

타일이 유행하던 당시 대만은 10여 개의 소규모 일본 타일 브랜드를 수입하였는데 이 또한 영국의 빅토리아 타일과 유럽 스타일을 모방하여 생산된 것이었다. 대표적으로는 딴타오(淡陶)와 조우즈(佐治), 부얼지

욕조와 변기의 청화타일

엔샤오(不二見燒) 등이 있었다. 초창기 출시된 타일은 가격이 비싸고 목조 건물에는 적용이 어려웠다. 그래서 서양식 욕실의 욕조와 변기 등에 주로 사용되었다.

밝고 화려한 색상과 도자기 스타일은 새로운 시대의 부로 상징이 되었다. 초기에는 일본의 이국적인 문양과 중국의 전통적인 설화, 일본이 신성시하는 후지산을 결합한 타일이 유행하였다. 그러나 대만 사람들은 행운과 장수를 상징하는 박쥐와 복숭아 등 소원과 축복의 이미지를 더 선호하였다. 한때의 시도에도 불구하고 결과적으로 일본의 대중적인 타일은 대만에서 크게 유행하지 못했다. 또한 유럽 스타일 타일은 운송이 까다롭고 가격이 비싸서 극소수의 부유층에서만 사용되었다.

삼국지와 후지산   이윤(伊尹)은 탕왕(湯王)에게 등용을 구했을까?

가문의 독창적인 색깔을 중
시하던 대만인들은 점차 일본의
단순한 흰색 타일을 수입하여 전
통적인 문양인 산수화, 용, 봉황
등을 소재로 대만 화가들이 그리
고 저온에서 구워낸 맞춤형 타일
을 주문하였다.

대표적으로 남부 타이난(台
南)의 따산(大山) 가마는 천위펑(陳
玉峰), 홍화(洪華), 나쯔청(羅志成) 등
당시 유명 화가와 협업하여 타
일을 제작하였다. 전시된 〈띠롱
과(狄龍輿) 인홍위(殷紅玉)〉는 나쯔청
이 그린 것으로 좌우 균형미가
있으며 매우 역동적이고 생생하
게 묘사하였다. 북부 이란(宜蘭)의
징양타일(景陽花磚專門)은 얀진쫑(顏
金鍾)이 그리고 독특한 굽기 방식
을 사용한 스타일로 현대 채색
예술 발전에 공헌하였다. 유명

유럽 스타일 타일

띠롱와 인홍위

화가들의 그림이 담긴 대만 수공예 타일 가격은 땅값보다 비싸다는 말이
생길 정도였다. 이런 대만 타일은 주로 대문 기둥, 처마, 담벼락, 지붕 중
앙의 용마루 등에 붙였다.

한 시기를 유행하던 타일 건축은 전쟁의 영향으로 쇠퇴하였고 더 이상 부의 상징적 대상이 아닌 일반 건축양식의 한 부분으로 변하였다. 또한 연중 습한 대만에서의 타일 사용은 내부 시설에 보편화되었다.

나에게로 와서 꽃이 되었다

박물관에 들어서면 회목(檜木)나무의 은은한 향기가 느껴지며 좌우에는 다채롭고 화려한 수공 타일을 만날 수 있다. 고가옥이었던 박물관의 녹색 창문을 열면 이전에 아리산(阿里山)에서 목재를 나르던 기차를 볼 수 있다. 100년이 넘은 타일은 단순히 벽과 지붕에서 철거된 폐타일이 아닌 각각의 개성 있는 옛 가옥의 생생한 증언자들이다.

침대와 테이블 및 의자

실내의 계단

대만에서 타일은 단순한 건축자재 이상으로 상징적 의미를 지닌다. 지붕과 외벽 등을 전체적으로 타일을 입히는 것이 아니고 외부인의 눈에 잘 띄는 곳이나, 주술적인 방향성을 고려하여 설치하였다. 대부분 수공 타일은 모두 100살이 넘는 어르신 타일들이다. 의자 위에 타일에는 "나는 이미 백 살이 넘었으니 나를 앉지 마"라고 쓰여 있다. 또한 실내에는 테이블, 침대, 화장대, 욕조, 변기, 세면대, 계단 등 친밀한 생활공간에 타일을 새겨 넣어 부와 건강을 기원하였다.

수공(手工)타일은 서로 다른 공정을 통해 생산된 제품으로 모양과 용도가 주택 소유자의 개성을 반영한다. 또한 수공 타일은 손으로 유약을 바르기 때문에 장인이 매번 유약의 양이나 힘을 기계처럼 정확하게 조절할 수 없다. 가마에 들어간 이후에도 유약이 흐르는 방향을 조절할 수 없으며 예측되지 않는 변수가 존재하여 각각의 타일은 독특하고 독창적이다. 즉 같은 타일의 문양이라 할지라도 자세히 보면 서로 같지 않다. 이것이 바로 타일박물관의 독창성 있는 생명력이며 예술적 가치를 인정받는 이유이다.

타일을 감상할 때 제작 방법을 이해하면 색상의 아름다움과 유약의 자연스러운 흐름을 느낄 수 있는데 보존된 대만 타일의 생산 방법은 크게 여섯 가지로 나눌 수 있다.

첫째, 고부조(高浮) 구조 기법은 평면에서 솟아오른 타일의 일종으로 완전한 입체감을 가진다. 우선 고부조 타일은 백색 타일에 전체적인 윤곽을 그린다. 입체감을 표현하는 장식물은 점토에 그려서 떼어내어 색을 칠하고 접착하여 굽는 방식이다. 요철(凹凸) 디자인은 아름다울 뿐만 아니라 유약이 흐르고 쌓인 농도의 깊이 차이가 입체감을 더해준다. 유약은 높은 온

금붕어와 수생생물(고부조)

모란(고부조)

장미(묽은 부조)

장미의 마음(묽은 부조)

도에서 녹아 물처럼 흘러내려 낮은 곳은 색상이 진하고 높은 곳은 색이 연하고 우아하다.

〈금붕어와 수생생물〉은 잉어와 두 마리의 금붕어가 수초 사이에서 헤엄치는 모습을 표현하고 있다. 금붕어의 동음어는 진(금: 金)과 위(옥: 玉)로 가족의 부와 행운을 기원하는 의미를 지니고 있다. 대만인들은 이러한 타일을 집에 붙이면 집안의 축복을 기원할 뿐 아니라 가족에게 활력을 줄 것이라고 믿었다.

둘째, 묽은 부조(淡浮) 타일은 고부조 타일과 유사한 원리이지만 볼록한 부분을 낮게 제작하는 것이다. 넓은 면적에 배열하고 원형을 서로 연결하여 일관된 디자인을 표현하는 데 적합하다. 입체감은 있으나 약간만 돌출되어 실제 사용자의 불편함을 덜어주고 쉽게 마모되거나 손상되지 않아 테이블, 의자, 계단 사이 등에 숨은 장식으로 사용되는 기법이다. 〈장미의 마음〉은 중앙에 피어난 장미와 초록색 잎사귀가 옅은 부조 디자인으로 유약이 자연스러운 깊이감을 주어 살아 있는 듯한 느낌을 준다. 하얀 하트에 살짝 볼록한 줄무늬는 섬세한 유약의 차이를 쌓아 입체감을 주고 있다.

고부조외 묽은 부조 비교

부엉이(선 구조기법)

셋째, 선(線) 구조 기법은 붓을 사용하듯 양각의 테두리에 유약을 흐르게 하여 타일의 경계를 이루는 방식이다. 고부조·저부조 기법과 마찬가지로 유약의 깊이를 제어할 수는 없지만 단순한 디자인에 적합하다. 모서리 테두리의 높이 차이에 의한 경계는 원색 도안에 유리하여 적용 범위가 넓다.

〈부엉이〉는 비스듬한 솔가지 위에 앉은 부엉이가 날카로운 눈빛으로 먼 곳을 바라보는 모습을 표현하였다. 몸체의 갈색 깃털 문양은 양각 선으로 교묘하게 윤곽을 그려 유약이 흐르도록 하였다. 밤의 배경을 하늘색으로 칠하여 넓은 범위에 옅게 유약이 적용하였다.

넷째, 분사(噴射) 구조 기법은 일명 스프레이(Spray) 기법이라 불린다. 빈 공간을 활용하여 분사기로 유약을 분사하여 상대적으로 편리한 기법이다. 산수화와 수묵화에 효과가 있으며 펜과 붓을 사용하여 뚜렷한 윤곽선을 그리거나 어두운 색상을 추가하여 빛과 그림자의 느낌을 만들 수 있다.

다섯째, 복합식 구조 기법은 타일에 요철을 모두 사용하는 기법이다. 오목과 볼록함을 사용하여 더욱 풍부한 계층 구조를 표현할 수 있다. 평면식 타일은 현대 타일과 유사하며 흰색 타일은 습식과 건식 공정으로 구분할 수 있다. 습식은 19세기 말에서 20세기 초까지 일본이 서양에서 도입한 초기 동판전사 기술이다. 건식은 도안을 인쇄한 후 열전사 하는 방식으로 만들어 안정적이고 품질이 우수하다. 일반적으로 유럽 스타일이며 대량생산이 가능하다. 표현에 제한이 없으나 일제통치시대 대만에서는 상대적으로 드물게 사용되었다.

분사기법   건식기법   습식기법

여섯째, 수공 구조 기법은 기초 도안을 하고 유약을 칠해 저온 가마에서 굽는 방식이다. 타일의 제작 수준을 넘어 도자기 기술에 가까운 형태로 발전한 기법이다. 타일 제작 초창기에는 유약 성분과 채색 공정의 한계로 바람과 햇빛에 노출되면 벗겨지고 퇴색되어 보존이 어려웠다. 이러한 기술적 수준의 한계가 있었지만, 대만의 수공 타일은 다양한 주제를 풍부하게 다루었다.

수공 구조 기법은 삼국지 등과 같은 고서화를 표현할 때 사용하였는데 타일 중앙에 주제를 그리고 테두리와 모서리는 별도의 디자인으로 하여 마치 액자에 넣은 느낌을 주고 있다. 게다가 모서리는 다른 크기로 제작되었지만 타일이 정교하게 배치되어

두 검객의 만남 고사(수공 구조 기법)

안정감을 주고 있다. 중앙은 15.2cm×15.2cm 정사각형, 테두리 15.2cm×7.6cm의 직사각형, 모서리는 7.6cm×7.6cm의 정사각형으로 하나의 액자로 구성하였다.

부와 건강을 얻고 자손의 번창을 기원하는 스타일을 좋아하는 대만인의 기호에 맞춰 일본 타일 제조업자는 발빠르게 대만 현지의 과일을 디자인하였다. 보통 4개에서 7개의 과일을 묘사하였는데 '행운과 축복'을 나타나는 동음이의어로 과일을 주로 새겼다.

파인애플(鳳梨)은 '왕성함'을 상징하고 석류와 포도는 알이 많아서 '다산', 복숭아는 '장수'를 뜻하며, 바나나(香蕉)는 '재운'을 부르고 포쇼(佛手)는 '부처의 축복'을 상징한다. '핑구어(蘋果)'는 사과의 중국어 발음으로 '평안'을 뜻하는 핑안(平安)과 같은 의미를 지닌다.

동서양을 막론하고 꽃과 나뭇잎은 가장 중립적인 소재로 대중에게 널리 받아들여진다. 대만에서 모란과 장미는 '부'를 상징하고 백합은 '백 년의 원만한 결혼을 기원'하는 표현이다. 국화는 '건강과 장수'를 뜻하며 연

파인애플

석류와 포도 등

꽃은 '순수함'을 상징한다.

대만 봄꽃으로 남부 윈린(雲林) 지역에 많이 피는 봄까치꽃(Veronica Persica)은 '건강을 기원'하는 의미를 담고 있으며 부유층의 수공 타일에 자주 등장하였다. 특히 인기가수 덩리쥔(燈麗君)의 집안에 아름답게 피어서 그녀의 노래만큼 관심을 끌며 유행하였다.

봄까치꽃

꽃과 더불어 자연 속의 새와 곤충 역시 '생명력'의 상징이다. 대만 사람들은 당시 생활에 상서로운 말과 함께 동음이의어 소리를 내는 새와 곤충을 그들의 집에 장식하기도 했다. 까치는 좋은 소식을 물어다 주고 박쥐(蝙蝠; Fu)는 복(福)과 동음이의어로 '재물'을 상징한다.

사자

전통문화에서 용과 봉황, 유니콘, 사자, 공작, 학 등은 수많은 전설에서 신성하게 표현되었으며 이러한 상서로운 동물은 인간들이 이루지 못한 꿈을 실현해줄 능력이 있다고 여겼다.

공작

물속에서 자유롭게 헤엄치는 물고기는 자유와 평화의 대상이며 거센 물살을 헤치고 힘차게 날아오르는 모습을 통해 소망이 이뤄지길 기원하였다.

큐옥(金玉)과 근어(近魚)는 중국어로 '진위'라고 발음하는데 이것은 년년유여(年年有餘)의 '여(餘)'와

학

물고기 '어(魚)'가 동음이의어로 '길조'를 상징한다.

이외에 20세기 유럽의 발전된 신예술(Art Nouveau)의 영향으로 타일 도안에도 창조적이고 기하학적인 문양이 적극 적용되었다. 화가는 일상생활 주변의 꽃, 동물 등 자연적 요소에서 영감을 얻었을 뿐 아니라, 선과 기하학적인 도형을 활용해 풍부하고 리듬이 가득한 기하학적인 패턴을 표현해 타일에 더욱 역동적인 시각적 효과를 표출하였다.

당시 기하학적인 도형은 실용적으로 끊임없이 변하고 있었다. 크게 두 가지 스타일로 나뉘는데 하나는 순수한 선을 그어 만든 기하학적인 일러스트레이션(삼각형, 사각형 등)이고, 다른 하나는 꽃을 연속적으로 연결하여 단순하게 나열하는 방식이었다.

타일 박물관이 집안의 추억과 한 시대를 함께 지냈던 수공 타일의 역사를 남기고자 한 노력은 대만 근현대사의 한 페이지가 되었다. 버려지는 고물을 문화 유물로 재해석하여 소중한 근현대기를 보존한 것이다. 더욱이 글과 영상매체로 수공 타일의 역사를 기록하고 정리하여 돌아갈 수 없는 시대의 문화유산을 후손에게 남기게 되었다.

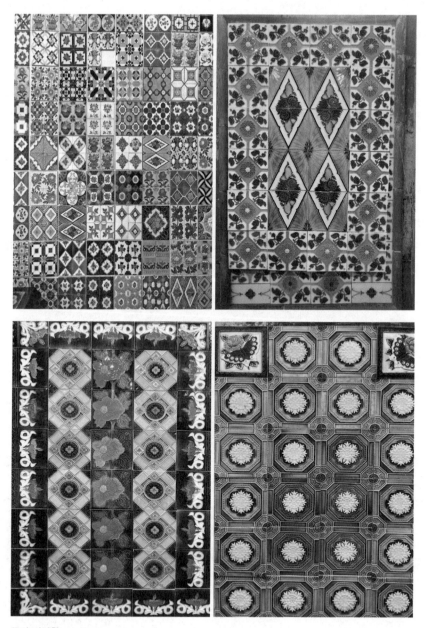

꽃의 기하학

Museum

11

남부의 문화 청량제
고궁남원
(故宮南院)

Refreshing experience in the Southern Branch
of the National Palace Museum

세계 곳곳에 우리 유물이 외로이 지낸다

세계 4대 박물관으로 분류되는 고궁박물원(古宮博物院)은 타이베이에 소재하고 있다. 대부분 유물은 자금성(紫禁城)의 보물이며 질적으로 우수하고 양적으로 풍부하다.

그러나 역사와 유물에 관심 있는 남부 지역의 관람객들은 상설 전시와 특별전을 보기 위하여 매번 먼 거리를 이동해야했다. 이에 대만 정부는 관람객의 수고스러움을 덜어주고 문화적 풍성함을 나누어 누리기 위하여 2015년 12월 28일 남부의 자이(嘉義) 지역에 고궁박물원남부구(古宮博物院南部區)를 건립하였다. 고궁남원(南院)의 개관은 남부 지역의 문화적 갈증을 해소하고자 하는 정부의 의지가 강하게 담겨 있다.

중국인이 사랑하는 삼겹살 문양의 〈육형석(肉形石)〉과 청대 귀족들의 혼수품인 〈취옥백채(翠玉白菜)〉와 같이 타이베이 고궁박물원에서 주요하고 인기 있는 유물들은 주로 고궁박물원 3층 중앙에 짝을 이루어 전시되고 있었

육형석(肉形石)

취옥백채(翠玉白菜)

다. 그러나 고궁남원 개관 후 "인기유물관"을 통하여 교차전시하고 있다.

　인기 유물을 교체 전시할 때 본원과 색다른 관람의 묘미가 있는데, 그것은 전시된 유물의 특성을 질문하고 답변하는 것이다. '작품 〈취옥백채〉에서 배추는 무슨 의미이고 그 위의 곤충은 어떤 의미가 있을까요?' 또는 '작품 〈동파적벽도필통(東坡赤壁圖筆筒; 대나무)〉를 보면 적벽 아래에서 소동파와

그의 문인 3명이 배를 타고 술 한잔을 즐기고 있는데 여기서누가 소동파일까요?'라고 묻는 방식이다.

　〈취옥백채〉의 배추는 순수함으로 표현하며 곤충은 여치이며, 여치는 다산과 풍요를 상징한다. 〈동파적벽도필통〉에서 소동파는 소동파가 즐겨 먹던 것에서 유래

동파적벽도필통(東坡赤壁圖筆筒)

한 '동파육(東坡肉)'이 힌트가 아니고 단순하게 그의 초상화가 제시되었다.

"남원의 특별실"은 2023년 10월 6일부터 2024년 1월 1일까지 〈조선왕조(朝鮮王朝)와 청궁(淸宮) 예술의 만남(藝術交會)〉 특별전을 개최하였다. 조선인이 표류되어 대만에 이르렀다는 상주문(上奏文)을 포함하여 사신의 교류와 관련한 문헌, 기물, 서화 등을 전시하며 18세기 조선과 청나라의 왕성한 교류와 대화를 소개하고 있다.

이번 특별전에는 미국 샌프란시스코 아시아 미술관, 네덜란드 암스테르담 국립미술관, 일본 오사카 시립미술관, 대만 중앙연구원과 중앙도서관이 소장하고 있는 조선왕조의 유물들을 전시하였다. 특이하게 한국에서 유물 한 점 대여없이 특별전을 기획하고 전시하였다. 이것은 우리의 역사 문화유산이 약탈되어 세계 곳곳에 흩어져 외로이 지내고 있음을 말하는 것이다.

특별전은 "사절유람(使節遊覽)"과 "예술교회(藝術交會)"의 두 부분으로 구성되었다. "사절유람"에서는 서적과 지도 등을 통해 관료와 민중의 교류를 소개하고 있고, "예술교회"에서는 서예, 회화, 문방 용구, 도자기, 병풍 등을 전시하였다. 한마디로 말하면 조선과 청나라의 유물을 통하여 예술적인 아름다움과 문화적인 차이를 비교하여 유사성과 차이점을 살펴보았다. 이는 동아시아 문화권의 유사한 성격과 미세한 차이를 동시에 보여주는 것이다.

"서적류"에서는 양국 간의 사신 교류에 따른 풍속과 문화를 소개하는 여행 일기가 주목된다. 1488년 조선에 파견된 똥위에(董越)는 조선의 궁중 예의, 고유 문화, 풍속, 특산물 등을 외국인 시각에서 소개한 『조선부(朝鮮賦)』를 저술하였다. 쭈쯔판(朱之蕃)은 17세기 조선의 문인들이 서예에 전법(篆

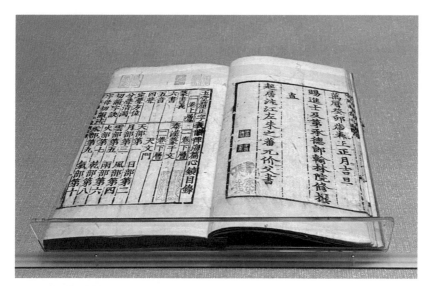

『옥당이정자의운율해편심경(玉堂釐正字義韻律海篇心鏡)』(명)

法)을 첨가하는 과정을 상세히 기록한 『옥당이정자의운율해편심경(玉堂釐正字義韻律海篇心鏡)』을 저술하였다. 그는 시문과 회화에 능하였으며 그의 서법(書法)은 조선에 머무는 동안 대단한 환영을 받으며 유행하였다. 그의 작품을 얻기 위하여 귀한 담비 가죽(貂皮)과 인삼을 주었다고 전해지며 전시된 〈정기임리(正氣淋漓)〉는 글씨에 힘이 넘치는 모양이다.

『황화집(皇華集)』은 명(明)의 화차(華察:1479~1574)가 1539년 사신으로 압록강을 건너 감회를 시로 지었는데 조선의 의정부(議政府) 관리 소세양(蘇世讓:1486~1562)이 화답하는 시를 지어 두 나라 문인 교류의 기록을 남겼다.

1780년 건륭제(乾隆帝)의 70세 생일을 축하하기 위하여 파견된 박지원은 『열하일기(熱河日記)』를 저술하여 국경의 모습, 연경(燕京)까지의 경로, 묶었던 숙소와 생활, 풍속과 문화, 벽돌과 수차(水車)의 이용 등을 소개하여

『조선부(朝鮮賦)』와 『황화집(皇華集)』(명)

『열하일기(熱河日記)』(조선)

정기임리(正氣淋漓)(명)

실사구시 학풍을 일으켰다.

전시된『훈민정음(訓民正音)』은 1946년 조선어학회의 영인본(影印本)이며, 조선의 오경원(吳慶元)이 고려말부터 1824년(순조 24)까지 외교 관계를 기록한『소화외사(小華外史)』는 조선과 명의 관계를 구체적으로 살필 수 있는 자료이다. 『소화외사』는 조선을 작은 중국으로 표현하며 보은(報恩)적 입장에서 서술하여 이번 전시에 선정된 것으로 보인다.

조신의『동국사략(東國史略)』과 청의『조선사략(朝鮮史略)』은 비교 전시되었고, 조선과 명의 공통 주제인 유가(儒家)는 주군을 위하여 목숨을 희생한 조선

「훈민정음(訓民正音)」

「소화외사(小華外史)」

「속삼강행실도(續三綱行實圖)」

「동국사략(東國史略)」(조선)

「조선책략(朝鮮史略)」(청)

김동(金同)의 고사를 담은『속삼강행실도(續三綱行實圖)』를 전시하여 군위신강(君爲臣綱), 부위자강(父爲子綱), 부위처강(夫爲妻綱)을 양국의 관심사로 보았다.

"지도 관련 서적"류로는 조선의『신증동국여지승람(新增東國輿地勝覽)』과 명의『조선지도(朝鮮地圖) 황명직방지도(皇明職方地圖)』가 전시되었다.

또한 청은 변발(辮髮)을 하여 모자가 필요하지 않아 조선의 갓 문화를 독특하게 소개하고 있다. 흑립(黑笠)은 말의 갈기나 꼬리털을 이용하여 대나무로 엮어서 검은색 칠을 하여 만든다. 갓을 쓰기 전에 머리를 수건으로 난정한 후 갓을 쓰며 양반 문화를 대표한다고 설명하고 있다.

「신증동국여지승람(新增東國輿地勝覽)」　　　　「조선지도(朝鮮地圖) 황명직방지도(皇明職方地圖)」

중국에 오는 시기별 우리나라 사신을 그린 〈당염입본왕회도(唐閻立本王會圖)〉, 1751년 이수양(李遂良)의 초상화는 붓과 먹으로 피부의 주름까지 세세하게 묘사하여 조선 궁중 화가의 기법을 보여주고 있다.

　　"예술 교류" 구역은 서예, 회화, 문방사우, 병풍, 도자기 등이 비교 전시되었다. 조선의 〈문자도(文字圖)〉는 중국은 〈화조자(花鳥字)〉, 일본은 〈화문자(花文字)〉로 칭하는 일종의 민화로 여겨진다. 동아시아가 같은 한자 문화권이지만 서로 다른 방법으로 활용하고 있음을 보여주고 있다.

조선의 흑립

당염입본왕회도(唐閻立本王會圖)

문자도는 일반적으로 효(孝)·
제(悌)·충(忠)·신(信)·예(禮)·의(義)·염
(廉)·치(恥) 여덟 글자인데 전시된 문
자도에는 충과 치가 누락 되었다.

『동고문존(東古文存)』의 서문에 의
하면 김정희가 필사한 한국 고전
13권을 가져와 옹방강(翁方綱)의 학
생 이에쯔썬(葉志詵;1779~1863)에게
주었다고 한다. 청의 문인들은 책
의 희소성을 인식하고 여러 권 필
사하여 지금까지 전해지고 있다.
『동고문존』은 동아시아 교류 연구
에 중요한 정보를 제공할 뿐 아니

이수양 초상화

라 중국의 문인들이 한국 고전을 중시 여겼다는 사실을 목격하게 되었다
고 서술하고 있다.

「동고문존(東古文存)」

김정희(金正喜)가 쓴 〈대련(對聯)〉은 소식(蘇軾)과 육방옹(陸放翁)의 시사(詩詞)에서 두 구절을 모은 것이다. 정해진 서법에 얽매이지 않고 자유로운 필체를 구사하려는 의도가 담겨있다. 두 구절 "我書意造元無法 此老胸中常有詩"의 필법을 보면 안진경(顔眞卿)의 두텁고 포만한 해서체(楷書體)와 유사하지만 일부 필획에는 도장을 찍듯 전서체(篆書體)의 특징이 추가되었다. 〈대련〉은 김정희 필법의 심도 있고 힘 있는 공력을 잘 표현하고 있다.

포도를 소재로 삼은 창작물은 고대부터 동아시아에서 인기를 끌었다. 포도의 쭉 뻗은 줄기와 포도송이는 끊임없는 생명과 다산의 의미를 지니

문자도(文字圖)

김정희 〈대련(對聯)〉

고 있다. 조선 시대 포도 문양은 도자기, 칠기, 회화 등에 자주 등장하였다.

조선 오남운(吳南運)의 〈포도 병풍〉은 포도덩굴을 완만한 곡선으로 표현했는데 배가 파도에 떠가듯 율동적으로 묘사하였다. 최석환(崔奭煥)의 〈포도 병풍〉은 더욱더 역동적이고 강렬하여 뒤틀린 포도덩굴을 이용하여 8개 병풍을 뚫듯이 날아다니는 시각적 효과를 연출하였다.

"회화류"는 조선의 1847년 작자미상의 〈금강산(金剛山)〉과 청의 〈황산(黃山)〉, 조선의 〈호작도(虎鵲圖)〉와 원(元)의 〈원인화호(元人畫虎)〉가 비교 전시되었다.

동아시아 문화권에 속하는 두 나라의 문인들은 붓, 종이, 먹, 벼루를

오남운 〈포도 병풍〉

문방사우(文房四友)라 하여 밤낮으로 함께 하였다. 전시된 18세기부터 19세기까지의 "도자기 문구류"는 신선하고 우아하며 개인적인 취향이 반영되어 산, 가옥, 과일, 꽃, 동물 등 다양한 형태로 제작되었다. 특히 조선의 해태(獬豸), 개구리, 닭 등 동물 형태의 연적은 다양한 색감을 칠하여 사실적으로 제작하였다.

이밖에 칠기로 만든 필통과 상자, 십장생을 새긴 책상 등을 전시하여 동시대 유행한 장생(長生)과 박고(博古)의 제재는 양국 공유의 화제로서 동아시아의 보편이념을 추구하는 것이라고 설명하였다.

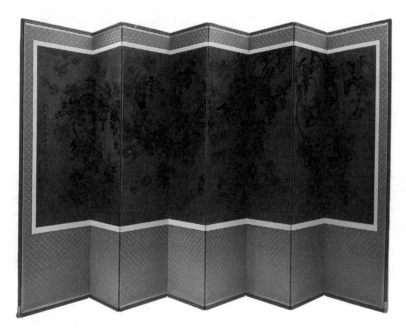

최석환 〈포도 병풍〉

금강산

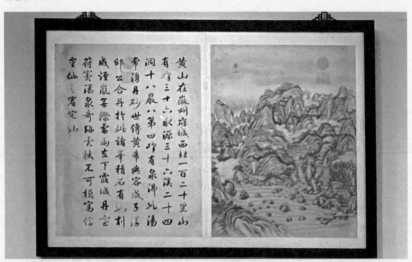

황산

조선의 다양한 연적

조선 십장생칠기 책상

조선과 명의 복숭아 연적

호작도와 원인화호

동아시아의 다양한 차 문화와 다기(茶器)

동아차문화전(東亞茶文化展)은 차의 기원과 사신 및 무역에 따른 차 문화의 전파를 소개하고 각 나라의 다기(茶器)를 전시하였다. "중국차문화", "일본차문화", "몽고와 티벳의 차(蒙藏奶茶)", "대만공푸차(臺灣工夫茶)" 등 네 개 구역으로 전시하고 있으며 한국의 차 문화는 소개되지 않았다.

중국에서 차는 처음에 갈증을 해소하거나 의학적 효과를 위해 마셨다. 약용으로 마시던 차는 제조 방식의 변화와 차를 마시는 습관의 변화에 따라 독특한 차 문화가 성립되었다. 또한 차 문화의 발달에 따라 다양한 다기가 제작되었다. 당나라 육우(陸羽)가 저술한 『차경(茶經)』에는 차의 효능, 제조, 도구, 차도를 설명하고 당나라 시기에 차 문화가 보편화되었음을 소개하고 있다.

당나라 시기에는 시루에 차를 삶아서 그늘에서 서서히 말린 차이다. 말린 차의 덩어리를 분쇄하고 갈아서 찻주전자에 넣고 저어서 차를 만들었다. 당 후기(晩唐)에서 오대(五代) 약 9~10세기 시기로 추정되는 형요(邢窯)

백유벽형족차완

남송과 북송의 찻잔

에서 생산한 백자차병(白瓷茶瓶)과 백유벽형족차완(白釉璧型足茶碗)은 초기의 다기로 주전자 꼭지가 짧고 단아한 백색의 순수함이 있다.

송나라 시기에는 찻잔에 가루차를 넣고 물을 부어 마셨다. 남송(南宋;1127-1279) 길주요(吉州窯)에서 생산한 흑요목엽문차잔(黑窯木葉紋茶盞)과 북송(960-1127) 정요(定窯)에서 생산한 아백획화회문차탁(牙白劃花回紋茶托)은 마치 본래 한 쌍인 듯 위아래로 포개져 전시하였다.

청화 와인형 찻잔

백자 와인형 찻잔

명나라 시기에는 찻잎을 주전자에 넣어 우려내어 찻잔에 부어 마셨다. 이 시기부터 잎 차를 마시는 유행으로 다기는 더욱 다양해지고 고급스러워졌다. 다기는 주로 백자로 만들어 차의 색을 잘 드러냈으며 명 말기에는 청화백자가 유행하였다. 명나라 선덕(宣德) 시기의 홍옥 찻잔(寶石紅茶鍾)은 찻잔을 받치는 부분을 별도로 만든 차 받침(附凸緣玉璧茶托)과 함께 국보로 지정되었다. 또한 15세기 베트남(越南) 여조(黎朝) 시기의 국화와 새가 그려진 백자 찻잔(白瓷印花菊花鳥紋茶鍾)과 천자(凸字)받침대 역시 국보로 지정되었다. 아

베트남 찻잔과 명의 청화 주전자

울러 명나라 융경(隆慶)시기 용과 구름이 어우러진 청화백자 주전자(靑花雲龍
紋提梁壺)는 정교한 뚜껑과 튼튼한 손잡이를 갖추었다. 이외에 선덕(宣德) 시
기 청화송죽매고족다종(靑花松竹梅高足茶鍾)과 영락(永樂) 시기 첨백양탈고족다종
(甛白羊脫高足茶鍾)은 다리가 높아 와인잔과 흡사하다.

금태서양겹사법랑내차관(金胎西洋掐絲紅法瑯奶茶罐) 오채용봉문차엽관(五彩龍鳳紋茶葉罐)

청나라 시기에 차 마시는 습관은 명과 거의 유사하나 다기는 더욱 다양화되었다. 강희(康熙) 연간에 서양 선교사들이 도입한 법랑채(琺瑯彩;Enamel) 기법은 즉시 다기 생산에 사용되었다. 경덕진(景德鎭) 가마에서 생산한 찻잔은 다양한 색감과 유약을 사용하였고 장식기법이 최고 수준에 이르렀다. 강희 연간 오색을 사용한 용과 봉황문양의 차관(五彩龍鳳紋茶葉罐)은 마치 하늘에 날아올라서 다투는 형상으로 생동감 있게 장식되었다.

옹정(雍正)시기 꽃과 까치 한 쌍이 장식된 찻주전자와 먹으로 그린 대나무가 단아한 찻잔은 법랑채 기법을 활용한 것이다.

또한 건륭(乾隆)시기 강렬한 붉은 색으로 새긴 이슬 내린 연꽃과 시를 써넣은 주전자(描紅筩露烹茶詩茶壺)는 덧칠기법이 뛰어나며, 서양 물감으로 꽃과 나비를 새긴 차를 담는 함(洋彩萬壽無疆花蝶碗)은 만수무강을 기원하며 제작하여 만(萬)자가 새겨져 있다.

북방 민족은 청실에서 밀크티를 마시는 풍습이 있었다. 몽골에서는 진한 차에 버터와 소금을 넣고 우유나 염소젖을 부어 끓여서 밀크티를 만들었다. 건륭 시기 황금빛 명주실을 바느질하듯 수놓은 밀크티 항아리(金胎西洋掐絲琺瑯奶茶罐)는 칠보(七寶)기법을 사용하여 서양식 문양을 새겨 넣었다.

티베트인들(藏族)은 두어무(多穆: Duomu)라 불리는 긴 원통형 주전자에 차, 버터, 소금, 조미료를 넣고 섞어주면서 버터차를 만들었다. 건륭 시기 '경덕진어요(景德鎭御窯)'에서 제작한 두어무는 "라쿨(拉庫爾) 또는 라구리(拉古里)"라고 불리는 티벳 지역의 신성한 나무를 모태로 삼은 것이다. 황갈색의 불규칙한 무늬를 지닌 '라구리 나무'는 해독과 악령을 물리치는 효과가 있다

두어무

고 하여 청의 궁에서 귀하게 여겼는데, 실물과 같은 모양과 질감으로 티벳 스타일의 찻잔 세트를 제작한 것이다. 티벳의 찻잔은 입과 다리가 넓고 몸체는 짧은 특징을 지닌다. 이외에 18세기 은을 입히고 금으로 용 문양을 넣은 한 쌍의 주전자는 세공기법이 뛰어나다.

일본의 풍로

일본은 8세기 중반 당나라에 사신과 승려를 파견하면서 중국의 차문화가 일본에 처음으로 소개되었다. 15세기 무로마치 쇼군 아시카가 요시마사(1436~1490)가 사무라이, 귀족, 선승 등의 문화를 통합해 서원 다실에서 다과회를 열었는데 당시 이를 서원차(書院茶)라고 불렀다.

에도시대 찻잔

일본 다기문화에서 찻물을 끓이는 용기로 다부(茶釜)와 풍로(風爐)가 있는데 이는 매우 중요한 도구이다. 주철로 제조한 다부는 뜨거운 물을 끓이는 용도이며 아시야(蘆屋)와 덴메이(天明) 지역의 다부가 최

명말 청초 공푸차 다기

고 유명하다. 주철 본연의 질감을 살리러 외관에 중점을 두었으며 돌출된 젖꼭지 모양이 다수이다. 풍로는 통상 5월에서 10월에 사용한다. 특히 멀리 떨어져 있는 손님에게 자유롭게 이동하여 차를 대접하기 용이하며 추운 겨울에는 다실 내의 지로(地爐)를 사용하였다. 풍로의 재질은 동제, 철제, 도제, 목제 등 다양하다.

대만의 차는 명말 청초(17~18세기) 중국 동남 연해 푸젠성(福建省) 지역 이민자들의 이주 활동에 따라 차 문화도 전해졌다. 푸젠성의 공푸차(功夫茶)의 전통을 이어받은 것으로 차오산홍루(潮汕烘爐), 위슈웨이(玉書煨), 멍첸후(孟臣壺), 루어썬베이(若深杯) 등의 찻주전자와 찻잔이 주요 다기로 선호되었다.

『대만통사(臺灣通史)』에 의하면 우이차(武夷茶)는 청나라의 가경(嘉慶) 연간 푸젠성에서 대만으로 도입되었다. 우롱차는 같은 시기 영국 상인들이 푸젠성에서 대량으로 재배하여 대만으로 수출하여 20세기 후반에 대만차의 특징이 되었다.

명말 청초 차궤